Felix Reichel

Endlich Ruhe im Klassenzimmer

Tipps und Materialien für gelungenes Classroom-Management

Bildquellen

S. 8: Icon Checkliste © Adobe Stock, Lysenko.A

Wir haben uns für die Schreibweise mit dem Sternchen entschieden, damit sich Frauen, Männer und alle Menschen, die sich anders bezeichnen, gleichermaßen angesprochen fühlen. Aus Gründen der besseren Lesbarkeit für die Schüler*innen verwenden wir in den Kopiervorlagen das generische Maskulinum. Bitte beachten Sie jedoch, dass wir in Fremdtexten anderer Rechtegeber*innen die Schreibweise der Originaltexte belassen mussten.

Autor*innen: Felix Reichel
Umschlagfoto: moloko88/shutterstock; Gibranessa/shutterstock
Covergestaltung: Daniel Fischer Grafikdesign München
Illustrationen: Trantow Atelier, Corina Beurenmeister, Steffen Jähde
Satz: fotosatz griesheim GmbH
Druck und Bindung: Korrekt Nyomdaipari Kft
ISBN 978-3-403-**08422**-8

www.auer-verlag.de

Inhaltsverzeichnis

1. Einführung

Vorwort

Ruhe im Klassenzimmer – absolute Ruhe – ist sicherlich eine *Utopie*, an der wir alle täglich arbeiten, die wir jedoch nur selten erreichen werden. Gleich zu Beginn dieses Bandes möchte ich folgende Frage aufwerfen: Ist das denn überhaupt erstrebenswert?
Wo gehobelt wird, fallen schließlich Späne – und somit produziert jedes Gespräch, jeder laut formulierte Gedanke und erst recht jede Partner*innen- oder Gruppenarbeit ein gewisses Maß an Unruhe, im Idealfall *produktive Unruhe*.
Sollte unser tägliches Bemühen deshalb nicht allein auf völlige Stille im Klassenzimmer gerichtet sein, sondern vielmehr auf eine *angenehme, produktive Arbeitsatmosphäre*? Hierzu gehört sicherlich auch eine der Arbeitsform und der Klasse angemessene Geräuschkulisse. Kein Mensch kann neben einem laufenden Presslufthammer sinnvoll und ergebnisorientiert geistig arbeiten.
Wie erreiche ich aber diese *produktive Lern- und Arbeitsatmosphäre* in der Sekundarstufe? Hierbei ist ein Patentrezept natürlich schwierig, da unter sehr heterogenen Bedingungen unterrichtet wird. Dies betrifft einerseits die Schüler*innenschaft, die sich in einer Haupt-/Mittelschule anders zusammensetzt als am Gymnasium, andererseits beispielsweise die Ausstattung, die an einer neu gebauten Schule eine andere ist als im Schulpalast von 1911. Vor allem im organisatorischen Rahmen bewegen wir uns zwischen den Extrempolen: *Fachlehrer*innen* mit einer Stunde pro Woche in einer Klasse und *Klassenleiter*innen* mit bis zu 27 Stunden in einer Klasse. Natürlich hat ein*e *Klassenleiter*in* mehr Zeit, Dinge einzustudieren und auf bestimmte Rituale Wert zu legen, als ein*e *Einzelstundenkämpfer*in*.
Im folgenden Band möchte ich Ihnen verschiedene Mikro- und Makromethoden zum Thema vorstellen – eine Art Baukasten, aus dem Sie die ein oder andere Methode bereits kennen und anwenden, einige als abwegig empfinden werden und wieder andere, die Sie übernehmen können. Grundsätzlich gilt: Das Patentrezept für alle Schüler*innen und alle Klassen gibt es nicht. Es ist immer ein individueller Blick nötig, um für Ihre Klasse, Ihre Schüler*innen und Ihre Schule den richtigen Zugang zu finden. Letztendlich sollte das Ziel hinter all den Maßnahmen klar sein – und zwar Ihnen und Ihren Schüler*innen: Der Mensch ist ein ständig lernendes Wesen – was (Stoff) und wie (Atmosphäre) gelernt wird, obliegt häufig uns Lehrkräften. Dies kann aber nur erreicht werden, wenn wir uns ab und an folgendes Zitat in Erinnerung rufen:
„Wenn man seine Ruhe nicht in sich findet, ist es zwecklos, sie andernorts zu suchen."
François de La Rochefoucauld

Felix Reichel

1. Einführung

Zum Aufbau des Bandes

Dieser Band enthält verschiedene Methoden – für Sie, für Ihre Schule und natürlich für Ihre Schüler*innen –, wie Sie Ruhe ins Klassenzimmer bringen können. Ruhe bedeutet hierbei nicht die stupide Stille, die über einer textabschreibenden Klasse liegt, sondern die *angemessene Lautstärke für nachhaltiges, produktives und förderliches Lernen.* Die Methoden und Strukturen verstehen sich hierbei als Bausteinkasten. Wie viele Sie davon einsetzen wollen, liegt an Ihnen und Ihrer Schulwirklichkeit.

In Kapitel 2 werden Makromethoden vorgestellt, die für eine Schule, Stufe oder zumindest von allen Lehrkräften innerhalb einer Klasse eingeführt sein sollten.

Die Strukturen und Methoden aus Kapitel 3 sind für eine längerfristige Arbeit innerhalb einer Klasse gedacht.

Kapitel 4 zeigt Möglichkeiten der unmittelbaren Intervention im eigentlichen Unterrichtsgeschehen auf, eine Art methodisches First-Aid-Kit.

In Kapitel 5 sind Fallbeispiele aufgeführt, bei denen Sie das Gelernte anwenden und im Kopf probehandeln können.

In Kapitel 6 finden Sie schließlich weiterführende Gedanken.

In diesem Band geht es vom Allgemeinen zum ganz Speziellen:

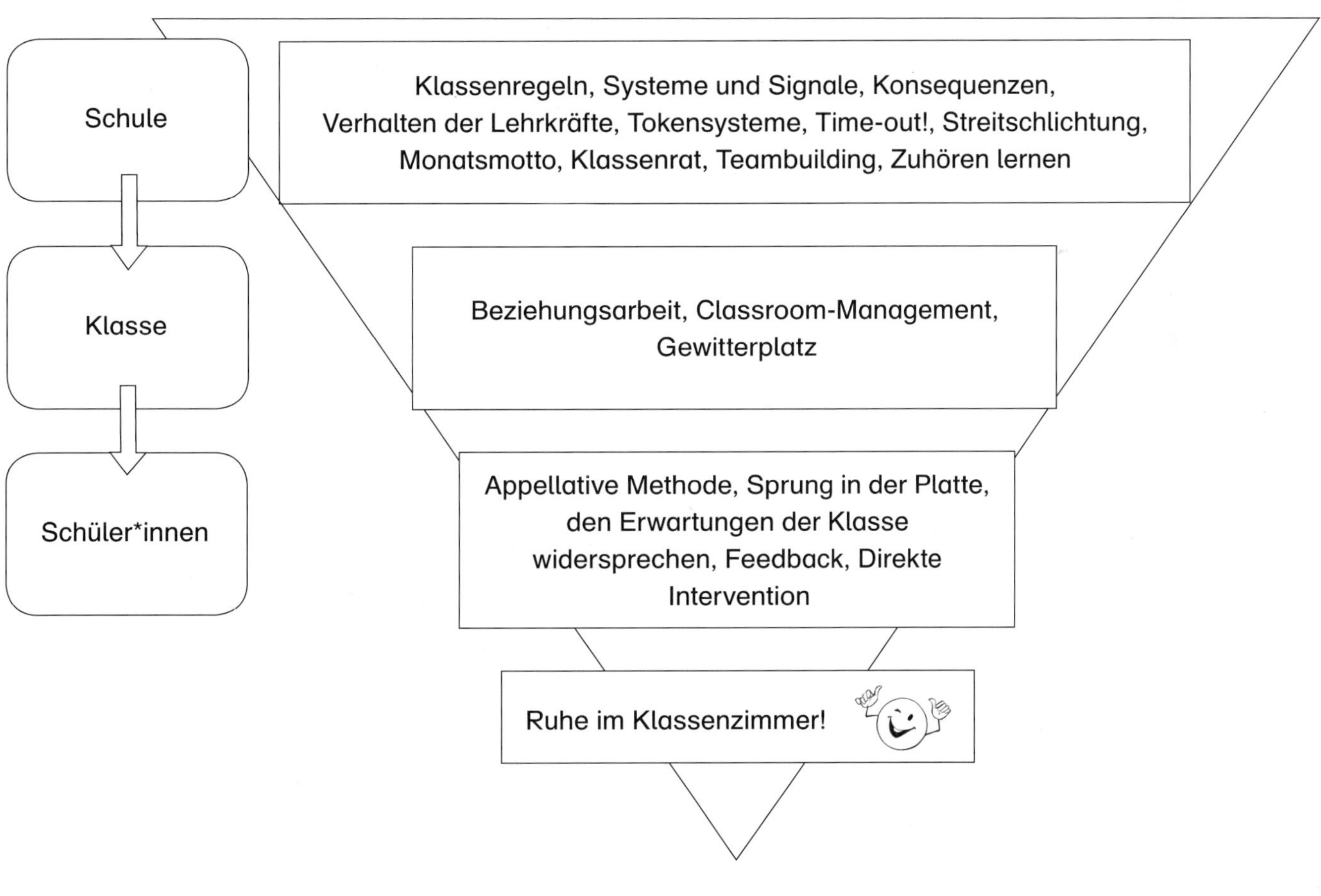

Überblick: Faktoren für Ruhe im Klassenzimmer

Es gibt viele Gründe für Unruhe im Klassenzimmer – zum Beispiel: keine Regeln oder keine konsequente Einhaltung von Regeln, Leerlaufphasen ohne konkrete Arbeitsaufträge oder schlicht und einfach langweiliger Unterricht. Im Folgenden finden Sie einen Überblick über entscheidende Faktoren, die Ruhe ins Klassenzimmer bringen:

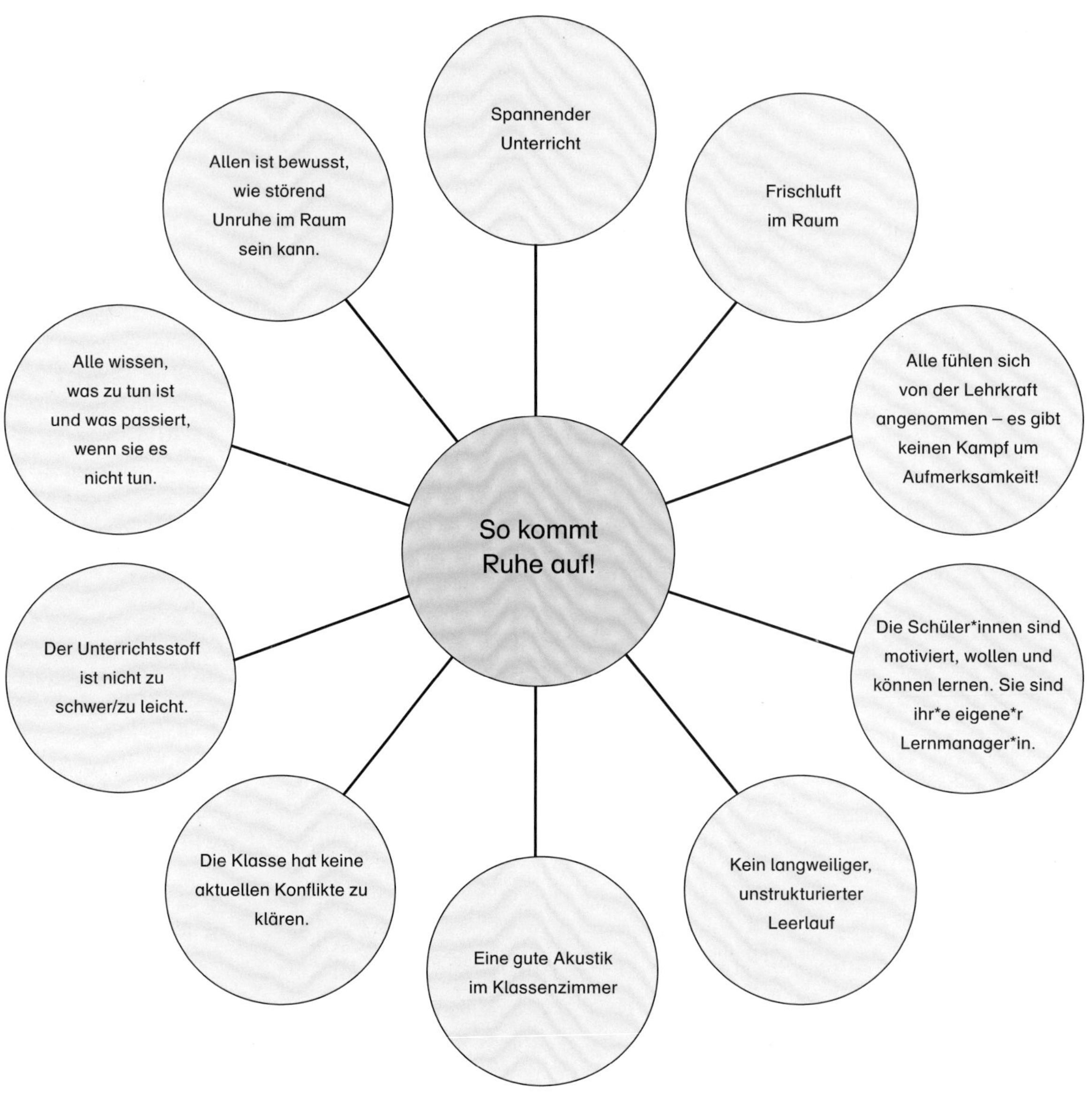

Zum Thema Lärm

Lärm wird zwar von jedem Menschen unterschiedlich (schlimm) wahrgenommen, Fakt ist jedoch: Lärm macht auf Dauer krank. Ab einem Dauerschallpegel von 60 Dezibel treten Stressreaktionen im Schlaf auf, ab 80 Dezibel kann die Gesundheit leiden. Die Schmerzgrenze liegt bei 120 Dezibel, dann hält sich ein Mensch automatisch die Ohren zu. Lärmeinwirkung von 130 Dezibel verursacht in Sekunden irreparable Schäden.

Wie laut sind aber beispielsweise 10 Dezibel? Hierbei hilft folgendes Diagramm[1]:

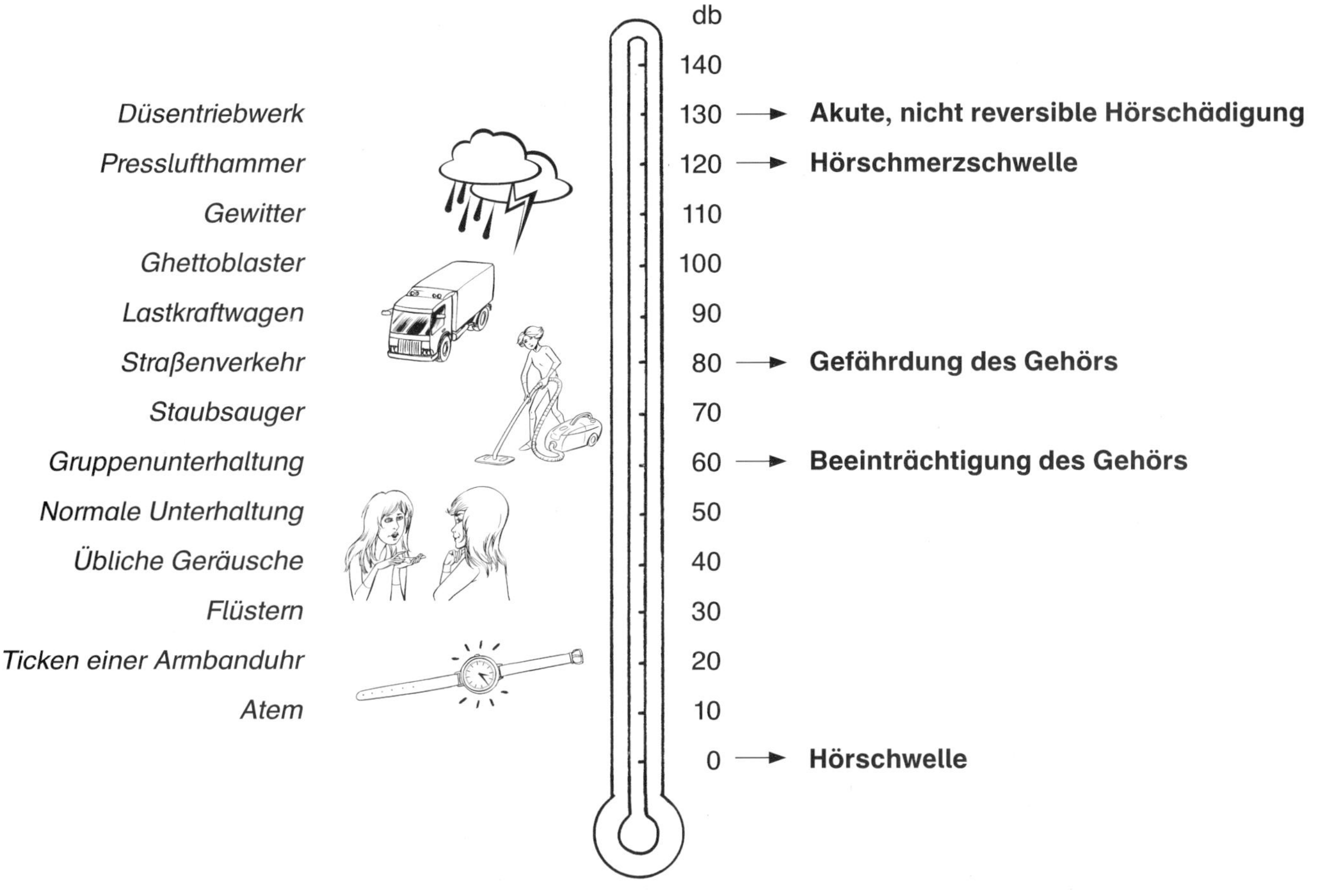

Bemerkenswert an dieser Stelle: In der Top Ten der lautesten Berufe liegt der Lehrer*innenberuf mit durchschnittlich 85 Dezibel auf Platz acht.[2] Lauter geht es nur bei Zahnarzt*Zahnärztin, Orchestermusiker*in, in der Brauerei, bei der Arbeit mit landwirtschaftlichen Maschinen, in der Bar, beim Straßenbau und im Bereich der Flugzeugabfertigung (140 Dezibel) zu.

Wichtig: Wenn es laut ist, sind nicht nur Sie der Lärmbelastung eines Lastkraftwagens (85–90 Dezibel) ausgesetzt, sondern auch Ihre Klasse. Versucht ihr ständig, diesen Laster zu übertönen, entsteht Stress und zusätzlich noch mehr Lärm.

Der nach Étienne Lombard genannte *Lombard-Effekt* entsteht im Klassenzimmer, wenn Geräusche aus anderen Unterhaltungen, Gruppenarbeiten oder von außen als Störgeräusche wahrgenommen werden – und Personen im Raum versuchen, die Geräusche zu übertönen, um besser verstanden zu werden. Somit entsteht eine nach oben offene Lärmspirale, bei der jede*r versucht, die anderen zu übertönen.

1 Vgl. Sabine Reichel: Endlich Ruhe im Klassenzimmer, S. 4 © Auer Verlag

2 Vgl. Bundesverband der Hörgeräte-Industrie e.V.: https://www.ihr-hoergeraet.de/zum-tag-der-arbeit-die-lautesten-berufe/ (zuletzt abgerufen am 15. 12. 2022)

Klassenregeln

„Ordnung ist die Verbindung des Vielen nach einer Regel."

Immanuel Kant (1724–1804), deutscher Philosoph

Der *Lombard-Effekt* kann durch Regeln und Systeme abgemildert werden:

- Klare Regeln zum Thema helfen: Flüsterlautstärke, ausreden lassen, melden etc.
- In Gruppenarbeiten sollte ein*e Schüler*in die Lautstärke im Ohr behalten.
- Je klarer der Unterricht und die gestellten Aufgaben sind, desto weniger kommt es bei Einzelnen zu Verwirrung. Konfusion schafft Lärm!
- Gut zu wissen: Einige Schüler*innen sind sog. Lautsprecher*innen. Das kann mehrere Gründe haben: Entweder handelt es sich hier um Alphatierverhalten („Hört her! Ich habe was zu sagen!") oder es liegt eine organische Ursache vor. Schwerhörigkeit ist ein viel weiter verbreitetes Phänomen im Klassenzimmer, als häufig angenommen wird. Schwierigkeiten mit dem Hören sind jedoch nicht so leicht zu diagnostizieren wie etwa Sehprobleme und führen häufig zu Lernproblemen.
- Abstand ist wichtig: Sitzen die Schüler*innen zu eng aufeinander, beginnen sie sich zu übertönen. Beziehen Sie ggf. leerstehende Räumlichkeiten und Gänge mit ein!
- Eine Arbeitsphase sollte anschließend immer besprochen werden. Hierbei sollte es sich nicht nur um die Ergebnisse, sondern gerade auch um die Arbeitsprozesse und die dabei herrschende Atmosphäre und Lautstärke drehen.

Checkliste fürs Klassenzimmer

- ❑ Überblick verschaffen: Sind von meinem Platz aus alle Schüler*innen zu sehen oder sind welche durch räumliche Gegebenheiten, durch Mitschüler*innen oder durch andere Dinge verdeckt?
- ❑ Fühlen sich alle Schüler*innen von mir beobachtet?
- ❑ Welchen Standort in der Klasse möchte ich: am Rand, als stille*r Beobachter*in, in der Mitte, als aktive*r Moderator*in …?
- ❑ Habe ich genug Platz im Zimmer, um alle Schüler*innen zu erreichen? Oder stehen Ranzen, Tische, Stühle etc. im Weg?
- ❑ Ist die Sitzordnung günstig?
  - ➲ Frontale Einzeltische sind auf frontalen Unterricht ausgelegt, die U-Form oder gar Gruppentische schaffen mehr Unruhe.
- ❑ Haben alle genug Platz?
- ❑ Kann ich unruhige Schüler*innen allein setzen?
- ❑ Können Unterrichtsgegenstände vorher bereitgestellt werden?
  - ➲ Das Herausnehmen und Suchen von Heften, Stiften, Büchern und Hilfsmitteln dauert und schafft Unruhe.
- ❑ Ist die Zusammensetzung der Tischnachbar*innen und Gruppenmitglieder im Klassenraum günstig? Schafft sie Unruhe?
  - ➲ Es ist nämlich nicht immer sinnvoll, Störende einfach nur räumlich voneinander zu trennen – häufig wird dann eben durchs ganze Klassenzimmer kommuniziert und nicht mehr nur von Platz zu Platz.
- ❑ Gibt es störende Faktoren von außen?
  - ➲ Licht, das berühmte Eichhörnchen im Baum, störende Durchsagen, externe Schüler*innen, die „nur mal kurz" stören müssen etc.

- ❑ Gibt es ein System, wie mit Störenden verfahren werden kann?
- ❑ Kann ich mit Störenden einzeln sprechen, ohne gleich die Klasse verlassen zu müssen (sog. stille Ecken)?
- ❑ Welche Regeln gelten im Klassenzimmer? Welche Konsequenzen?
  - ➲ Hier helfen Infoplakate, die am Anfang des Jahres gestaltet und aufgehängt werden sollten.

Zu beachten:

- Überlegen Sie vorab: Welche Regeln sind mir wichtig? An welche Regeln möchte ich mich (nicht) halten? Was erwarte ich von mir und meinem Unterricht? Was erwarte ich von den Schüler*innen? Was kann ich von den Schüler*innen realistisch erwarten (in der ersten/neunten Stunde; am ersten/letzten Schultag; vor den Ferien/nach den Ferien etc.)? Wann sind für mich diese Regeln erfüllt? Wann liegt für mich ein Verstoß vor? Wie möchte ich diesen Verstoß ahnden, wie nicht? Wo kann ich ganz bewusst von den Regeln abweichen?
- Regeln und Konsequenzen müssen allen im Klassenzimmer klar sein und eingehalten werden. Bei striktem Handyverbot ist es ein No-Go, wenn die Lehrkraft am Handy tippt, weil sie noch schnell was erledigen muss.
- Klassenregeln sollten als Gebote, nicht als Verbote formuliert sein („Ich laufe langsam." statt „Nicht rennen!").
- Regeln und Konsequenzen müssen einfach und konkret sein (wenn … dann …). Hier hilft häufig eine klare Visualisierung (siehe Klassenregeln auf Kopiervorlage).
- Regeln und Konsequenzen müssen von allen im Klassenzimmer akzeptiert werden. Deshalb sollten sie auf dem Regelplakat (siehe Kopiervorlage) unterschrieben werden. Wer nicht unterschreibt, ist nicht Teil der Klassengemeinschaft (Evtl. gelten dann eben für ihn*sie andere Regeln auch nicht, wie etwa pünktlich in die Pause gehen etc.).
- Regeln und Konsequenzen müssen (natürlich) mit allgemeinen Regeln und Gesetzen konform gehen – das beliebte Geldzahlen bei Kraftausdrücken ist absolut grenzwertig.
- Die Ausnahme bestätigt die Regel: Es wird immer wieder nötig sein, besonderen Schüler*innen eigene Regeln zu geben. Diese können dann zum Beispiel auf deren Tisch geklebt werden. Hier muss die Lehrkraft natürlich den Überblick behalten.
  Es muss nicht immer nur Negatives sein: Beispielsweise darf der*die Jugendliche mit Blasenschwäche jederzeit, ohne vorher zu fragen, auf die Toilette, falls nötig – eine Abweichung von der Regel, die aber niemand in Frage stellen sollte!

Ein prinzipieller Tipp: Weniger ist mehr!

Zu Beginn des Schuljahres sollten maximal fünf Verhaltens- und Gesprächsregeln für die Klasse gelten. Diese sollten allgemein gehalten sein, damit die Schüler*innen sie in möglichst vielen Situationen einhalten können. Spezifischere Regeln sollten Sie erst einführen, wenn möglichst alle Schüler*innen die grundsätzlichen Verhaltens- und Gesprächsregeln gut einhalten. Generell sollten Sie Ihre Klasse in einem offiziellen Rahmen – beispielsweise in der ersten Sitzung des Klassenrates – verpflichten, die Regeln einzuhalten. Es ist sinnvoll, diese Erwartung gemeinsam mit der Klasse zu besprechen und samt allen Konsequenzen festzulegen, was passiert, wenn gegen die Regeln verstoßen wird.

Immer wieder: wiederholen, üben, anwenden, darüber nachdenken
Häufig werden Klassenregeln von der Klassenleitung und den Schüler*innen am Anfang eines Schuljahres erarbeitet und dann auf ein Plakat geschrieben. Dieses informiert alle in der Klasse Wirkenden (Schüler*innen, Lehrkräfte, Eltern, pädagogische Hilfskräfte etc.) über die geltenden Regeln in der Klasse. Wichtig: Die Lehrkraft sollte die Regeln täglich leben und sie immer wieder hinterfragen: Gilt das noch für uns? Halten wir uns an diese Regel? Was ist im Moment die goldene Regel der Klasse?

Hierzu können die Regeln vom Plakat (siehe Kopiervorlage) fotografiert (oder abgeschrieben) und dann für alle vervielfältigt werden. Anschließend werden die Regeln bepunktet – einige Regeln werden wichtiger genommen, andere als eher unwichtig bewertet.
Die Regeln können auch gemeinsam, z. B. im Stuhlkreis, besprochen werden. Die Lehrkraft liest sie laut vor, die Schüler*innen äußern sich dazu.

Klassenregeln – Wie verhalte ich mich in der Klasse?

ICH
bin stets höflich, respektvoll und hilfsbereit!

ICH
bin pünktlich und habe meine Sachen dabei!

ICH
sage keine Kraftausdrücke oder Schimpfwörter!

ICH
löse meine Probleme ohne Gewalt!

ICH
mache nichts absichtlich kaputt!

ICH
halte das Klassenzimmer sauber!

ICH
treffe den richtigen Ton und vermeide unnötigen Lärm!

ICH
behandle andere so, wie ich selbst von ihnen behandelt werden möchte!

⑥ Wenn ich etwas sagen möchte, melde ich mich und warte, bis ich aufgerufen werde.

⑥ Wenn jemand anderes etwas zu sagen hat, warte ich, bis ich aufgerufen werde.

⑥ Ich höre anderen Schülern zu.

⑥ Ich spreche in Zimmerlautstärke – nicht zu laut und nicht zu leise.

⑥ Ich bleibe beim Thema.

⑥ Wenn ich etwas nicht verstanden habe, frage ich nach.

⑥ Ich höre zu und vermeide Wiederholungen von bereits Gesagtem.

⑥ Ich behandle andere so, wie ich selbst von ihnen behandelt werden möchte.

⑥ Ich habe diese Klassenregeln verstanden und befolge sie. Dies bestätige ich mit meiner Unterschrift.

Unterschriften der Klasse:

Systeme und Signale

Wie kann ich aber nun Ruhe ins Klassenzimmer bringen?
Es gilt, die Klassenregeln zu verinnerlichen und sie zu etwas Selbstverständlichem zu machen. Dazu gibt es verschiedene Übungen, Systeme und Signale.

Lärmampel – Lärm sichtbar machen

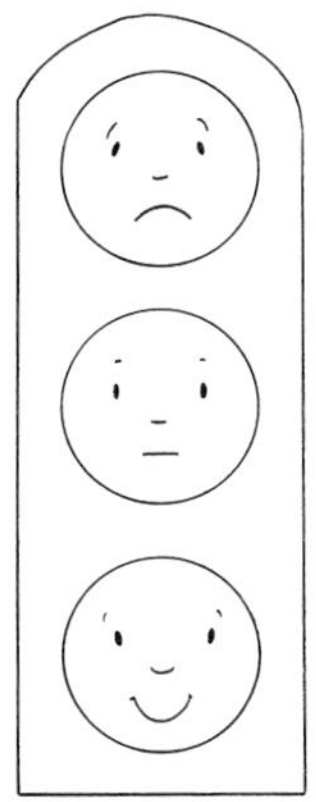

Die Lärmampel visualisiert Lärm. Es gibt Modelle, die dazu noch einen akustischen Ton senden, wenn bestimmte Werte überschritten werden. Diese Lärmampel gibt es mit DB-Messer und dem bekannten System der Verkehrsampel Grün-Gelb-Rot in vielen pädagogischen Fachverlagen. Sie zeigt an, ob und wie stark der vorher als akzeptabel festgelegte Lärmpegel überschritten wird. Steigt das Lautstärkeniveau an, wechselt die Lärmampel von Grün auf Gelb. Wird es zu laut, springt sie auf rotes Licht und es kann ein Signalton zugeschaltet werden. Zu viel Lärm wird für die Jugendlichen folglich mit der Lärmampel sicht- und hörbar. Diesen Pegel können Sie individuell einstellen und somit den unterschiedlichen Situationen im Schulalltag anpassen.
Eine solche Lärmampel kostet im Handel 80 – 100 Euro.
Wem eine Lärmampel zu teuer ist, der kann sich selbst eine Lärmampel oder ein Lärmbarometer basteln und eine Wäscheklammer daran befestigen (siehe Kopiervorlage). Wird es im Klassenzimmer zu laut, wird die Wäscheklammer entsprechend am Rand versetzt. Diese Aufgabe kann auch jemand aus der Klasse als sogenannte*r „Leisewächter*in" übernehmen.
Es ist ebenfalls möglich, für jede*n Schüler*in eine Klammer mit dessen*deren Namen zu basteln – somit wird dann nur der*die laute Schüler*in von Grün auf Gelb oder Rot gehängt – ohne dass ein verbaler Tadel sofort nötig wird.

Eine Alternative zur Lärmampel – die Lärm-App

Selbstverständlich kann man sich auch die „LärmApp" für sein Smartphone kostenfrei herunterladen. Man findet sie in den üblichen Stores. In der App wird der Lärm, wie bei der Lärmampel, durch das Ampelfarbensystem angezeigt. Die App misst allerdings nicht genau. Auch die Qualität des Smartphone-Mikrofons spielt bei der Messung eine große Rolle. Trotzdem ist es einen Versuch wert, mit einer App zu arbeiten. Die Schüler*innen motiviert der Einsatz ungemein.

Ebenfalls alternativ – der Lärmpegelmesser

Eine weitere Alternative sind Lärmpegelmesser. Sie messen, genau wie die Ampel, die DB-Zahl im Klassenzimmer. Einige können Sie ebenfalls ein akustisches Warnsignal bei Überschreitungen abgeben.
Diese Messer können Sie beispielsweise unter die Dokumentenkamera legen und somit per Beamer für alle Schüler*innen sichtbar machen.
Übrigens: Den Lärmpegelmesser gibt es auch als Bauset. Evtl. kann die Klasse sich einen oder gar mehrere Messer selbst bauen.
Auch hier gilt: Was in der einen Klasse gut funktioniert, kann in der anderen schiefgehen. Es gibt Klassen, die ganz heiß darauf sind, unter den entsprechenden Werten zu

bleiben – da kann ein regelrechter Wettbewerb entbrennen (Wer ist die leiseste Klasse?). Andere Klassen versuchen vielleicht mehr, bewusst ständig die Lautstärke eines LKW oder noch mehr zu erreichen, um besonders krass zu sein.
Lautstärkewächter*innen in der Klasse können am Lärmpegelmesser überprüfen, ob die Werte eingehalten werden. Meist weisen die Schüler*innen sich dann untereinander darauf hin, wenn sie zu laut sind. Die Dauerlautsprecher*innen können beispielsweise ins Time-out geschickt werden.

Akustische Signale

„Laute Lehrkräfte produzieren laute Klassen." Dies stimmt pauschal so nicht – jedoch sollten Sie darauf achten, nach einem akustischen Signal, welches um Ruhe bittet, diese auch selbst zu wahren. Also Stimme senken, ruhig und gelassen sprechen, Pausen machen, Ruhe bewahren.
Es gibt ganz unterschiedliche akustische Signale: Klingel, Klangschale, Trillerpfeife, Xylophon, Buzzer etc.

Praxistipp

Die Klasse muss das Signal kennen, es auch beachten und wissen, was passiert, wenn sie dies nicht tut. Akustische Signale schonen die Stimme unheimlich – zur Sicherheit sollten Sie immer eins in der Tasche dabei haben.

Unruhe führt zu Ruhe – Konzentrations- und Aufmerksamkeitsspiele

Manchmal hilft alles nichts – weder der stumme Impuls noch das akustische Signal, selbst die Strafandrohung verhallt wirkungslos. Hier sollte man wieder die Checkliste fürs Klassenzimmer zur Hand nehmen und v. a. auf die äußeren Bedingungen achten. Wahrscheinlich braucht die Klasse gerade einen Energizer, eine Pause bzw. Ruhephase oder ein Spiel, um Aufmerksamkeit zurückzugewinnen.
Da hilft oft schon eine fünfminütige „Murmelphase" – einfach mal Zeit zum Quatschen, um das Nötigste loszuwerden – wer muss, geht da eben auch auf die Toilette.
Die Phase der Aktivität, eine sog. Unruhephase, führt danach häufig zu mehr Ruhe im Klassenzimmer.

Folgende Spiele bzw. Methoden können ganz unterschiedlich hinsichtlich Aufwand, Zeit und Umfang sein:

- Die Schüler*innen werfen einen Softball durch den Raum und rufen den Namen des Fangenden – am Schluss muss der Ball wieder in gleicher Reihenfolge zurückgeworfen werden.
- Konzentration: Die Schüler*innen sitzen im Kreis (oder bleiben auf dem Platz). Es wird durchgezählt, jede*r erhält somit eine Nummer. Die Lehrkraft oder ein*e Schüler*in, der*die für alle sichtbar ist, beginnt, bei gleichbleibendem Takt die Bewegungen vorzuführen:
  1. mit beiden Händen auf die Oberschenkel klopfen,
  2. in die Hände klatschen,
  3. mit den Fingern der linken Hand schnippen,
  4. mit den Fingern der rechten Hand schnippen.

  Es ist jeweils eine Person an der Reihe. Diese nennt bei der dritten Bewegung (Schnippen mit der linken Hand) die eigene Nummer. Bei der vierten Bewegung (Schnippen mit der rechten Hand) nennt sie die Nummer einer anderen Person. Diese muss nun in der unmittelbar anschließenden Runde reagieren und wiederum bei der dritten Bewegung die eigene Nummer, bei der vierten Bewegung eine beliebige andere Nummer nennen usw.

Reagiert jemand nicht korrekt, rückt er*sie an die letzte Stelle und setzt sich auf den entsprechenden Stuhl; alle Spieler*innen zwischen seiner*ihrer alten Position und dem*der Letzten rücken jeweils eine Position auf. Dadurch ändern sich natürlich auch die Nummern der entsprechenden Spieler*innen – die Nummer bleibt beim Platz, nicht bei der Person. Das muss in der nächsten Runde berücksichtigt werden.

- Fantasiereisen: Die Schüler*innen schließen die Augen und legen den Kopf auf die verschränkten Arme („Kopfkinohaltung"). Die Lehrkraft erzählt zu leiser Musik eine Geschichte. Danach wird kurz über die Imagination der einzelnen Bilder gesprochen: Was hast du gesehen? Wie hast du dir XY vorgestellt?
- Andere Assoziations- und Imaginationsübungen: Malen zu Musik, Beschreibung eines Bildes etc.
- Gedächtnisspiele: Die Schüler*innen schließen die Augen – die Lehrkraft stellt Fragen: Wer trägt heute ein rotes T-Shirt? Was steht an der Tafel?
- Ich packe meinen Koffer – der Klassiker schlechthin: Ein*e Spieler*in beginnt mit „Ich packe in meinen Koffer … eine Zahnbürste" (einen selbstgewählten Gegenstand). Die nächste Person wiederholt den Satz und fügt etwas hinzu usw.
- ABC-Spiele, z. B. Stadt-Land-Fluss
- Bewegungsspiele am Platz
- Rythmisches Klatschen

Die Stoppuhr – der Taschenuhrspielertrick

Es ist empfehlenswert, immer eine (Taschen-)Uhr dabei zu haben. Hat diese eine Sekundenanzeige, können Sie genau messen, wie viel Zeit verloren geht und wie lange Sie nach einem Ruhesignal warten müssen, bis die Klasse zur Ruhe kommt. Diese Zeit sollte jedes Mal kürzer werden. Wenn es viel zu lange dauert, wird die Zeit eben an anderer Stelle nachgearbeitet.

Lärmprotokoll

Vielen Schüler*innen ist der Lärm, der sie umgibt, erstmal gar nicht bewusst. Hier gilt es, ähnlich wie bei der Lärmampel, ihnen Lärm bewusst zu machen, z. B. durch ein Lärmprotokoll (siehe Kopiervorlage). Hierbei schreiben die Jugendlichen über einen bestimmten Zeitraum hinweg (Schulstunde, Schultag, Schulwoche) auf, welchen Lärm sie in der Schule wahrnehmen. Danach wird darüber reflektiert und besprochen, wie man in Zukunft Lärm vermeiden kann.

Nonverbale Kommunikation

Ruhe bringt man ins Klassenzimmer, indem man möglichst wenig spricht – dies gilt einerseits für die Schüler*innen, andererseits auch für die Lehrkraft. Man bedenke: Der Redeanteil der Lehrkraft liegt durchschnittlich immer noch bei 50–80 %, vgl. hierzu DESI-Studie etc. Den Redeanteil kann man durch nonverbale Signale senken:

- Zeichen, stumme Impulse: Finger an den Mund legen, Uhr zücken und warten, Hände an die Ohren legen, Augen aufreißen etc.; Problem: Diese Zeichen müssen eindeutig sein.

- Impulskarten für Arbeitsanweisungen, zur Information und zur Strukturierung des Unterrichts (siehe Kopiervorlagen)

Auch die Schüler*innen können Informationen ohne Worte weitergeben – hierzu ein paar Methoden:

- Antworten auf eine Ja-Nein-Frage: stehen ⑧ JA; sitzen bleiben ⑧ NEIN; auf die linke Seite gehen ⑧ JA; auf die rechte Seite gehen ⑧ NEIN
- (Vokabel-)Abfragen: Jede*r stellt sich auf einen Stuhl. Wer ein Wort richtig hat, darf sich setzen.
- Lernzielkontrolle: Schüler*innen geben mit einem Standpunkt im Raum an, wie gut sie das Thema verstanden haben.
- Fragen: Wer nicht weiterweiß, soll sich auf den Stuhl stellen.
- Vier Ecken im Raum kennzeichnen vier Schwierigkeitsstufen: Basics, Standard, Experten, Profis.

Bei all diesen Methoden muss eine unnötige Stigmatisierung von Schüler*innen vermieden werden. Zum Beispiel: Ja-/Nein-Frage kann die Klasse mit geschlosssenden Augen beantworten, sodass nur die Lehrkraft sieht, wie die Einzelnen antworten.

Lärmampel

Hinweis: Vorlage auf A3 hochkopieren, farbig anmalen, laminieren, im Klassenzimmer aufhängen und mit einer Wäscheklammer versehen. Dann das Vorgehen mit den Schüler*innen besprechen.

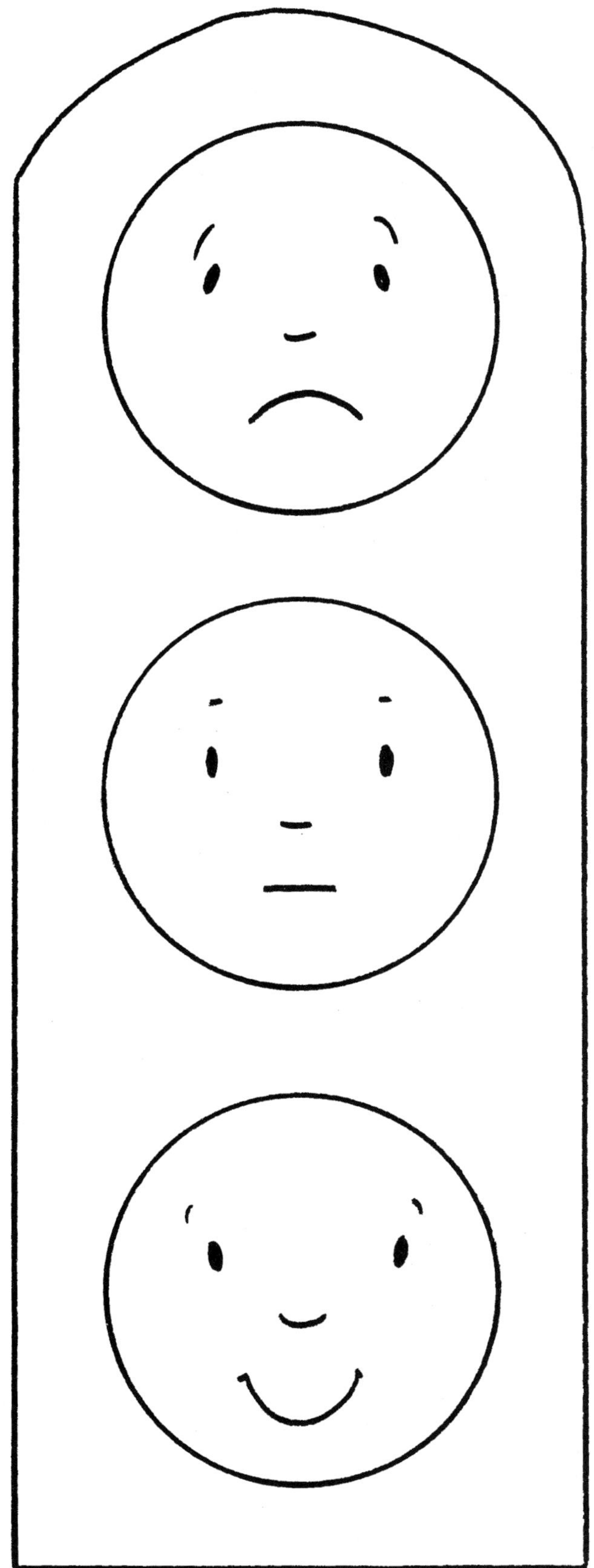

Lärmprotokoll

Datum	Uhrzeit/Dauer (von … bis)	Art von Lärm[1]	Verursacher

1 + = schöner Lärm; 0 = erträglicher Lärm; – = Lärmbelästigung

Strukturkarten

Hinweis: Vorlagen ggf. auf A3 hochkopieren, ausschneiden und laminieren.

Strukturkarten – Arbeitsformen

Einzelarbeit 	**Gruppenarbeit** 
Partnerarbeit 	**Projektarbeit** 

Portfolioarbeit	Klassenrat

Pause	**Stationenarbeit**

Strukturkarten – Methoden

Lernkarussell	Gruppenpuzzle

Strukturkarten

Meinungslinie

Rollenspiel

Basar

Autogrammjäger

Gedankennetz

ABC-Methode

Das Streitschlichtungsprogramm ist für alle Beteiligten gewinnbringend und schafft Ruhe im Klassenzimmer, da Konflikte gelöst werden, die sonst während des Unterrichts ausbrechen würden. Es entlastet die Lehrkraft, die nicht mehr jeden Konflikt allein schlichten muss, und stärkt die Schüler*innen, die ein Stück weit Partizipation und Selbstbestimmtheit erleben. Außerdem erweitern sich die Konfliktlösekompetenzen der Schüler*innen durch gemeinsames Beilegen von Streitigkeiten.

Ablaufplan einer Streitschlichtung

0. Vorab	• Willkommen bei den Streitschlichtern. Schön, dass ihr zu uns gekommen seid. • Wer sind wir und was machen wir? – Wir sind die Streitschlichter. Unser Ziel ist es, Konflikte an der Schule friedlich zu lösen, und zwar gemeinsam. • Die Schlichtung läuft in drei Phasen ab: 1. Überblick verschaffen: Stellungnahme aller Beteiligten; 2. Suche nach Lösungen; 3. Schriftliche Vereinbarung zur Streitschlichtung. • Bei uns gelten bestimmte Gesprächsregeln. Diese lege ich euch nun vor. Seid ihr damit einverstanden? • Wollen wir gleich mit der Schlichtung beginnen? Oder ist ein späterer Zeitpunkt besser? Wann?
1. Überblick	• Tragt nun eure jeweilige Sicht auf den Vorfall vor. Der Ruhigere beginnt. Es wird nicht unterbrochen! • Wir fragen nach. • Wie fühlt ihr euch jetzt? • Wo hast du selbst Anteil an diesem Konflikt?
2. Suche nach Lösungen	• Überlegt euch nun Lösungsmöglichkeiten und schreibt sie auf. • Auch wir überlegen uns Lösungsmöglichkeiten und schreiben sie auf. • Nun reden wir über die Vorschläge und suchen die besten aus. • Finden wir eine gemeinsame Lösung?
3. Vereinbarung	• Lasst uns die Lösung aufschreiben! • Mit unserer Unterschrift zeigen wir, dass wir mit der Lösung einverstanden sind und uns alle daran halten werden. • Eventuell halten wir noch weitere Vereinbarungen (Nachgespräch etc.) fest. • Wir verabschieden uns.

Streitschlichtung

Gesprächsregeln

Ich beruhige mich und spreche in normaler Zimmerlautstärke.

Ich lasse den anderen ausreden.

Ich spreche, wenn ich an der Reihe bin.

Ich höre zu.

Ich lüge nicht – ich sage offen und ehrlich, worum es geht.

Ich verschweige nichts.

Ich helfe mit, damit wir gemeinsam eine Lösung finden.

Ich benutze keine Schimpfwörter – auch nicht, wenn ich aufgebracht bin.

Ich verhalte mich so, wie ich es auch von anderen erwarte.

Ich weiß: Die Streitschlichter sind neutral, stehen auf keiner Seite und sind auf jeden Fall nicht gegen mich.

Ich höre auf das, was die Streitschlichter und die anderen sagen.

Was sind Streitschlichter?

Wir wollen helfen, Streit zu beenden.

Wir sind neutral, unabhängig und stehen auf keiner bestimmten Seite.

Wir fällen kein Urteil über euch.

Wir wollen zusammen mit euch die Wahrheit und die Ursache des Konflikts finden.

Wir finden mit euch eine passende Lösung – wir geben keine Lösung vor.

Wir helfen euch, runterzukommen und sachlich über das Problem zu sprechen.

Wir arbeiten mit bestimmten Gesprächsregeln und einem speziellen Ablaufplan, an den sich JEDER halten muss.

Ganz wichtig: Wir sind unabhängig – das heißt: euer Problem wird von uns nicht an die Lehrer weitergegeben – es sei denn, alle wollen das.

Protokollbogen für die Streitschlichtung

Datum:	
Streitschlichter/ Moderation:	
Protokoll:	
Beteiligte:	

Beschreibung des Konflikts: Warum seid ihr heute hier? (Thema)	

Genauere Sammlung von Fakten: Worum geht es genau?

Sammlung von Lösungsmöglichkeiten: Wie könnte man das Problem lösen?

Gewählte Lösung:

Monatsmotto

Viele Klassen oder Schulen versuchen, jeden Monat einen bestimmten Punkt des Miteinanders besonders in den Fokus zu nehmen. Hierbei wird, häufig von der SMV, der sozialpädagogischen Fachkraft oder geeigneten Lehrkräften, analysiert, was gerade in der Schule nicht so gut läuft und was noch einmal speziell geübt werden sollte.

Mithilfe eines für die ganze Schulgemeinschaft verbindlichen Monatsmottos/-ziels können bestimmte Wertvorstellungen fokussiert und positives Verhalten in diesem Bereich angebahnt werden. Hierzu entscheiden die Jugendlichen oder die Lehrkräfte über die entsprechende Regel. Am Ende jedes Monats wird überprüft bzw. besprochen, inwieweit das Motto eingehalten wurde und was ggf. getan werden muss, um in diesem Bereich Optimierungen vorzunehmen.

Bei dieser Methode regt man die Schüler*innen kontinuierlich zu einer Reflexion über das eigene Verhalten in der Gemeinschaft an. Jeden Monat besprechen alle Lehrkräfte mit ihrer Klasse ein Monatsmotto/-ziel zum Thema „Ruhe im Klassenzimmer – damit wir alle besser lernen!“. Im Laufe des Monats achten alle auf die Einhaltung des Ziels. Am Ende des Monats findet eine Reflexion statt, ob das Monatsziel erreicht wurde.

In einem Schuljahr erarbeitet die ganze Schule insgesamt zehn Ziele (siehe Kopiervorlagen). Die Reihenfolge können Sie selbst bestimmen. Eventuell müssen Sie aufgrund Ihrer Schulsituation einige Ziele austauschen, ergänzen oder modifizieren.

Mehr zum Thema Monatsmotto bzw. Sozialziele finden Sie hier:
Staatsinstitut für Schulqualität und Bildungsforschung München:
https://www.isb.bayern.de/download/1895/erziehungkonkret_3_text_ganz.pdf
(zuletzt abgerufen am 15. 12. 2022)

Monatsziele

Hinweis: Vergrößert kopieren und gut sichtbar in jedem Klassenzimmer aufhängen.

Unsere Monatsziele zum Thema „Ruhe im Klassenzimmer – damit wir alle besser lernen!“
Ich nehme zu Beginn der Stunde meine Arbeitssachen für das Fach heraus.
Beim Stundenwechsel öffne ich die Fenster und schnaufe durch. Auch ein kurzes Gespräch ist möglich.
Wenn der Lehrer da ist, setze ich mich still auf den Platz und blicke zu ihm.
Ich halte mich an die geltenden Gesprächsregeln.

Ich achte darauf, unnötigen Lärm zu vermeiden. Dies sind Dinge wie: mit dem Nachbarn reden oder mit dem Stuhl herumfahren.
Ich arbeite leise, damit ich niemanden störe.
Bei Fragen melde ich mich und warte, bis ich aufgerufen werde.
Ich weise andere Schüler darauf hin, wenn sie gegen unser Monatsmotto verstoßen.
Ich versuche, mich auf mich und meine Arbeit zu konzentrieren.
Im Schulhaus laufe ich langsam und unterhalte mich in normaler Zimmerlautstärke.

Klassenrat

Es gibt leider auch Klassen, bei denen es ganz schwer ist, Ruhe reinzubringen. Ständig wird geschwätzt, alles ist wichtiger als Unterricht, es wird gestritten, gelacht, geweint – nur nicht gearbeitet. Da macht es Sinn, einen Klassenrat einzuberufen, um genau diesen Ruhestörungen auf den Grund zu gehen. Es gilt, die Ursache für die ständige Unruhe zu finden, um sie dann gemeinsam mit den Schüler*innen abzustellen.

Zum Ablauf:

- Am Anfang sollte stets das Erkennen des eigentlichen Konflikts bzw. Problems stehen.
- Die Themensammlung findet vorher statt. Es kann beispielsweise ein Plakat aufgehängt werden, auf dem KLASSENRAT steht. Darauf können die Schüler*innen (und die Lehrkraft) sammeln, welche Konflikte es gerade gibt, wer am Konflikt beteiligt ist, worum es konkret geht und ob evtl. bereits Lösungsvorschläge existieren. Nachteil beim Plakat: Der Konflikt bleibt präsent und führt evtl. immer wieder zu Diskussionen.
  Alternative: Klassenratsbuch, in welchem alle wichtigen Themen gesammelt werden können, auch das Sitzungsprotokoll. Nachteil beim Klassenratsbuch: Der Konflikt ist nicht so präsent, die Schüler*innen fühlen sich unter Umständen nicht ernst genommen.
- Es können natürlich auch andere Dinge im Klassenrat besprochen werden: Klassenfahrten, Schulfeste, Ausflüge, anstehende außerschulische Aktivitäten, Geburtstage, Rituale etc.
- Der Klassenrat findet stets im Sitzkreis statt. Ziel ist schließlich eine barrierefreie Kommunikation unter Gleichgestellten.
- Die Moderation stellt eine große Herausforderung dar. Dabei sollte der*die Moderator*in die Kommunikation ermöglichen und fördern sowie das Gesagte visualisieren, um eine gewisse Transparenz zu schaffen.
  Außerdem ist es wichtig, zurückhaltende Teilnehmende einzubeziehen und die „Vielredner*innen" zurückzuhalten.
  Der*die Moderator*in steuert die Kommunikation und ist zielorientiert. Sein*ihr Umgangsstil ist Vorbild für die Teilnehmenden[6].
  Zurückhaltung in der Sache, aber Steuerung des Prozesses sind hierbei ebenso zu berücksichtigen wie das Beherrschen grundlegender Techniken. Sollte all dies die Klasse zunächst überfordern, muss die Lehrkraft erstmal die Moderation übernehmen.
- Eine ebenso wichtige, wie auch schwierige Aufgabe ist das Protokollieren. Gerade in Klassen mit hohem Migrationsanteil und mangelhaften Deutschkenntnissen in Sprache und Schrift ergeben sich hier Probleme. Dies kann man auf zwei Arten lösen:
  a) Audiotagebuch: Aufnahme der Sitzung und evtl. Zusammenschnitt am PC
  b) Graphic/Visual Recording: visuelles Protokoll mithilfe von Worten, Bildern, Formen und Farben
- Die restlichen Rollen im Klassenrat (z. B. Regelwächter*in, Zeitwächter*in) ergeben sich dann fast wie von selbst.
- Hilfreich bei allen Klassenratssitzungen ist immer ein Plakat o. Ä., um Themen für alle sichtbar und somit verbindlich zu machen. Hier können wichtige Diskussionspunkte und v. a. die Ergebnisse festgehalten werden. Auch dabei kann eine einstweilige Hilfestellung durch die Lehrkraft vonnöten sein.

6 Vgl. Ulrich Dauscher: Moderationsmethode und Zukunftswerkstatt, S. 29–32 © ZIEL-Verlag

- Die Lösungsvorschläge sollten bis zum Ende (Zeit beachten!) durchdiskutiert werden, denn ein Konsens der Gruppe über das verbindliche Ergebnis des Rates ist fundamental für die weitere Arbeit.

Kreislauf des Klassenrats

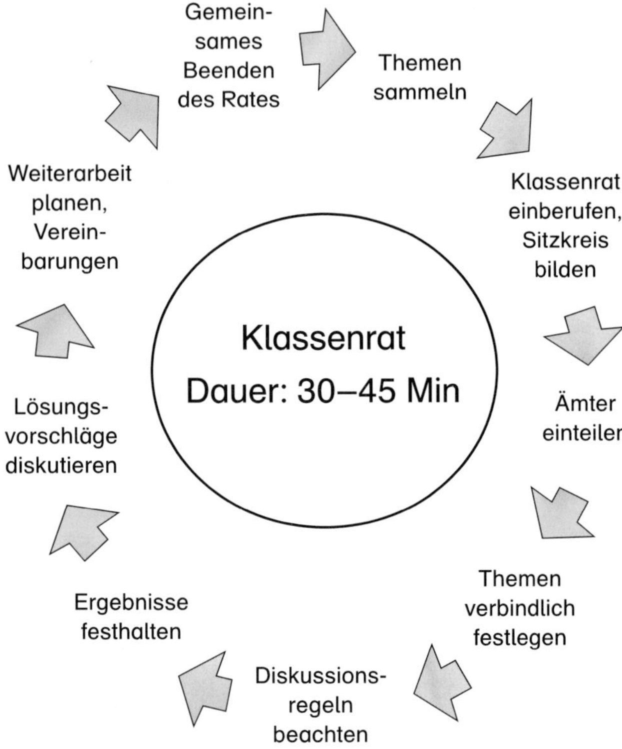

Teambuilding

Was ist Teambuilding und warum schafft es Ruhe im Klassenzimmer?

Teambuilding meint das Zusammenbringen mehrerer Personen (die Teamzusammenstellung) und die Entwicklung von Fähigkeiten innerhalb dieser Gruppe, um gemeinsam vorher vereinbarte Ziele zu erreichen. Mit Teambuilding sollen eine gute Arbeitsatmosphäre und eine gesteigerte Produktivität erreicht werden.

Ein berechtigter Einwand ...

„Dafür habe ich aber doch gar keine Zeit!", „Das steht so auch nicht im Lehrplan.", „Welches Fach soll das denn überhaupt sein?" usw.

All diese Einwände sind berechtigt. Was ist jedoch die Alternative? Sie können weiterhin versuchen, in der Klasse Unterricht zu machen – mit all den bisherigen Problemen und der Lautstärke, die Sie stört. Oder aber, Sie wenden einige Stunden auf, um nachhaltig eine produktive Arbeitsatmosphäre in der Klasse zu generieren. Danach geht die Stoffvermittlung auch wieder schneller voran. Noch effektiver ist es natürlich, mit der Klasse eine ganze Projektwoche oder gar einen Schullandheimaufenthalt mit entsprechenden Teambuildingübungen durchzuführen. Dies ist das Ideal, dem der Alltag meist schnell die Flügel stutzt.
Dr. Meredith Belbin definierte in den 70er-Jahren verschiedene Teamrollen, die sich in mehreren Experimenten bei Teamaufgaben herauskristallisiert hatten:

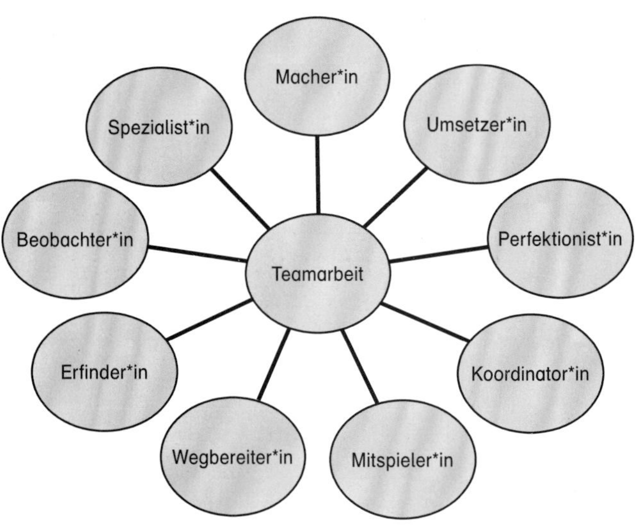

Zur Erklärung:

Macher*in	+ mutig + geht voran + arbeitet gut unter Druck – ungeduldig – Alphatiergehabe
Umsetzer*in	+ arbeitet zielstrebig + Teamplayer – unflexibel – braucht klare Anweisungen

Perfektionist*in	+ arbeitet, um das bestmögliche Ergebnis zu erreichen + bringt Schlüsselkompetenzen wie Pünktlichkeit, Zuverlässigkeit, Gewissenhaftigkeit ein – überängstlich – kann keine Arbeit abgeben
Koordinator*in	+ in sich ruhend + hat den Überblick + stimmt Dinge aufeinander ab – kann als Besserwisser*in und Intrigant*in empfunden werden
Mitspieler*in	+ ausgleichend + wirkt auf die Aufgabenlösung hin – zurückhaltend – wenig entschlussfreudig
Wegbereiter*in	+ offen, gesprächsbereit + kontaktfreudig – nicht immer ernsthaft genug – oft unrealistische Wahrnehmung der Lage
Erfinder*in	+ ideenfreudig + kreative Lösungsvorschläge – nicht immer zielführend – in Gedanken anderswo
Beobachter*in	+ beobachtet und wägt Situationen ab + nüchtern, strategisch, kritisch – wenig kreativ
Spezialist*in	+ Fachwissen + auf seinem Gebiet detailversessen und ehrgeizig – „Fachidiot*in“

Über die eigene Rolle in der Klasse nachdenken

Diese Rollen können den Schüler*innen und Lehrkräften helfen, um zu verstehen, warum es gerade in der Klasse nicht läuft.
Gibt es zu viele Macher*innen? Zu viele Spezialist*innen? Fehlen die Mitspieler*innen? Um die Schüler*innen für die Rollen zu sensibilisieren, lohnt es sich, das Modell in der Klasse vorzustellen und dann die Schüler*innen, z. B. mithilfe eines Selbsteinschätzungsbogens (zahlreiche Beispiele im Netz), die schriftliche Beantwortung folgender Fragen vornehmen zu lassen.

- Welche Eigenschaften besitze ich?
- Welche Rolle passt am ehesten zu mir?
- Welche Rolle habe ich gerade in der Klasse?
- Passt die Rolle zu meinen Stärken?

Die Ergebnisse sollten im Klassenrat diskutiert werden – mit der alles entscheidenden Frage zum Schluss: Warum funktioniert es gerade bei uns nicht?

Team builden

Eine sehr beliebte Übung, um Gruppenprozesse in Gang zu setzen und zu schulen ist „Das Problem mit dem Ei“ (siehe Kopiervorlage). Hier gilt es, ein Ei mittels bereitgestellter Materialien vor dem Kaputtgehen bei einem Fall aus zwei Metern zu bewahren – oder eben gerade nicht.
Bei dieser Übung geht es um Teamarbeit vom Feinsten.

Weitere Teambuildingspiele – für zwischendurch

Familie Meier

Bereiten Sie Namenskärtchen vor, auf denen jeweils eine Person einer Familie steht, beispielsweise Papa Meier, Oma Meier und Tochter Meier. Aber es gibt auch für die anderen Mayrs und Meyers Namenskärtchen – die Namen in diesem Spiel sollten sich sehr ähneln. Das Ziel ist, die anderen „Familienmitglieder“ zu finden und die Familien zu komplettieren. Die schnellste Familie gewinnt.

Atomspiel

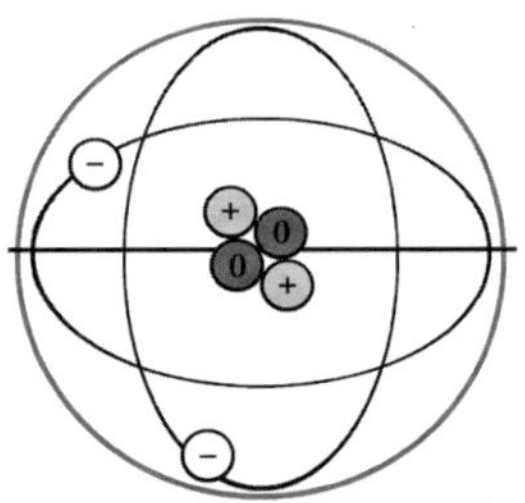

Die Schüler*innen sind Atome und bewegen sich durch den Raum. Auf Zuruf der Lehrkraft finden sie sich zu Atomen zusammen. Beispiel: „fünf“ ⑧ Fünf Schüler*innen müssen sich an den Händen greifen und ein Atom bilden. Wer übrig bleibt, scheidet aus.

Blind führen

Ein Partner*innenspiel: Eine*r ist A, eine*r ist B. A schließt die Augen und wird von B durch den Raum geführt – an der Hand, durch eine Umarmung oder durch Kommandos. Das Ziel ist, dass beide nirgends anstoßen.

Gordischer Knoten

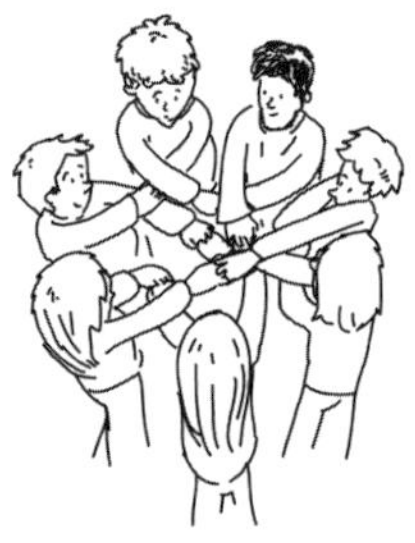

Alle stehen im Kreis, schließen die Augen und strecken ihre Hände zur Kreismitte. Dann sucht sich jede*r für seine beiden Hände eine*n Partner*in. Jede Hand muss eine andere Hand finden, es ist nicht erlaubt, zwei Hände der gleichen Person zu fassen. Die Schüler*innen öffnen dann ihre Augen und müssen den entstandenen Gordischen Knoten lösen, ohne die Hände loszulassen.

Zeitungsspiel

DIE TAGESZEITUNG

Das Spiel funktioniert wie die „Reise nach Jerusalem“. Jede Zeitung ist eine Eisscholle, es schmilzt, die Jugendlichen müssen sich weniger Eisschollen teilen. Wer leer ausgeht, muss aussetzen.

Der Weg über die Eisschollen

Die Klasse wird in zwei Teams eingeteilt. Jedes Team erhält Zeitungsblätter und muss mit deren Hilfe den Raum durchqueren. Die Anfangs- und Ziellinie müssen vorher markiert werden. Jedes Blatt ist eine Eisscholle – der einzige Weg, um das „Meer“ zu durchqueren. Voraussetzung: Jede*r Schüler*in muss stets auf einem Blatt stehen. Das Team, das zuerst den Raum durchquert, gewinnt. Tritt jemand auf den Boden, muss er*sie von vorne beginnen. Wenn es zu leicht ist, nimmt die Lehrkraft einfach ein Blatt weg – Klimaerwärmung!

Ein Stern, der keinen Namen trägt

Die Klasse wird in Teams eingeteilt (mindestens fünf Personen). Alle Teammitglieder halten mit beiden Händen ein Seil fest. Sie können ihre Hände zwar am Seil bewegen, jedoch nicht ihren Platz untereinander tauschen. Nun müssen sie mit dem Seil einen fünfzackigen Stern bilden. Dabei muss das eine Ende des Seils das andere Ende berühren. Jedes Team hat zehn Minuten Zeit. Was sich zunächst leicht anhört, entpuppt sich schnell als ziemlich mühsam. Das Team, das sich am schnellsten koordiniert, gewinnt. Das Gewinnerteam darf seinem Stern dann auch noch einen Namen geben.

Übung zu Teamarbeit

„Das Problem mit dem Ei“

Nur gemeinsam sind wir stark!
Heute arbeitet ihr als Team zusammen & löst
GEMEINSAM ein Problem.

Material:

1 rohes Ei, 4 Blatt Papier, 1 Klorolle, Tesafilm, 1 Schere,
1 ausgelegte Plastikfolie für eventuell zerbrochene Eier, 1 Tisch

Löst folgendes Problem:

Ihr habt 15 bis 20 Minuten Zeit, das Ei mithilfe der 4 Blatt Papier, des Tesafilms, der Klorolle und der Schere so zu schützen, dass es danach den Fall aus 2 Metern Höhe übersteht.

1. Wählt einen Teamleiter.
2. Gebt euch einen Namen.
3. Löst die Aufgabe nur mit den vorhandenen Hilfsmitteln.
4. Überlegt euch gemeinsam verschiedene Lösungswege.
5. Diskutiert und entscheidet euch für einen Lösungsweg.
6. Blitzlicht:
   - Welche Note gebe ich mir selbst für meine Leistung im Team?
   - Welche Note gebe ich meinem Team insgesamt?
7. Beantwortet die Reflexionsfragen.

Übung zu Teamarbeit – Reflexion

Reflexionsfragen:

1. Ihr habt heute versucht, ein Ei zu retten. Hat dies geklappt? Warum?
2. Was ist gut/schlecht gelaufen? Warum?
3. Was habt ihr heute gelernt?
4. Was würdet ihr das nächste Mal anders machen?
5. Sind eure Vorschläge bei der Teamarbeit berücksichtigt worden?
6. Wart ihr ein gutes Team? Warum?
7. Welche Note würdet ihr eurer Lösung geben?
8. Welche Rolle hast du jeweils in der Teamarbeit eingenommen?
9. Eier sind Lebensmittel – sollte man sie trotzdem für eine solche Übung einsetzen?
10. Was macht ihr nun mit dem restlichen Ei?

Zum Abschluss:

Stell dir vor, euer Projekt war eine Schiffsreise. Welche Rolle auf dem Schiff hast du eingenommen? Welche Rolle haben die anderen Teammitglieder auf dem Schiff eingenommen? Warum?

Zuhören lernen

YouTube®, Smartphone, Sprachnachrichten, Musik im Ohr – viele Jugendliche wissen heute kaum noch, wie Stille klingt oder wie sie erreicht werden kann. Deshalb ist es fundamental wichtig, Ruhephasen und Stilleübungen in den Unterricht mitaufzunehmen. Im Folgenden finden Sie dafür einige Beispiele.

Die fallende Stecknadel[7]

Material: 1 Stecknadel, ggf. weitere Gegenstände wie Streichholz oder Bleistift	**Zeit:** 5 min

Ablauf:
- Die Schüler*innen schließen die Augen.
- Die Lehrkraft lässt eine Stecknadel fallen.
- Wer sie hören kann, meldet sich.

Variationen:
- Die Stecknadel wird häufiger fallen gelassen. Die Schüler*innen zählen mit.
- Außer der Stecknadel werden noch andere „leise fallende“ Gegenstände verwendet (Streichholz, Bleistift, …). Die Jugendlichen müssen die Stecknadel heraushören und sich melden, wenn sie diese akustisch wahrgenommen haben.

Tipp:
Verraten Sie Ihren Schüler*innen beim ersten Mal nicht, was passiert. Die Jugendlichen sollen einfach die Augen schließen und hinhören. Es ist interessant, im Gespräch zu erfahren, was und ob sie tatsächlich das Fallen der Stecknadel wahrgenommen haben oder etwas ganz anderes vermuten.

Stille erleben[8]

Material: (Stopp-)Uhr, ggf. Kopiervorlage	**Zeit:** mind. 3 min

Ablauf:
- Die Klasse wird aufgefordert, eine bestimmte Zeit komplett still zu sein. Es bietet sich an, mit 30 Sekunden zu beginnen.
- In der ersten Runde dürfen die Jugendlichen die 30 Sekunden am Sekundenzeiger mitverfolgen.
- In der zweiten Runde begeben sie sich in Kopfkinohaltung.
- Im Anschluss sprechen Sie mit der Klasse über die unterschiedliche Wahrnehmung der verstrichenen Zeit.

Tipp:
Dokumentieren Sie die geschaffte Stille-Zeit mithilfe der Kopiervorlage. Vergrößern Sie die Vorlage zur besseren Sichtbarkeit (evtl. auf farbigem Papier) auf A3-Format und laminieren diese. Befestigen Sie den Pfeil unter der entsprechenden Zeitspanne der Tabelle, die die Klasse erreicht hat. Alternativ können Sie die Vorlage für Ihre Klasse kopieren und austeilen.

7 Vgl. Sabine Reichel: Endlich Ruhe im Klassenzimmer, S. 33 © Auer Verlag
8 Vgl. Ebd.

Glöckchen ohne Geräusch[9]

Material: 1 Glöckchen	**Zeit:** 3 min

Ablauf:
- Die Jugendlichen stehen oder sitzen im Kreis.
- Ein Glöckchen wird möglichst geräuschlos weitergegeben.

Variationen:
Das stille Weitergeben kann auch mit anderen Gegenständen erprobt werden:
- eine Murmel, die auf einem Löffel balanciert werden muss, ohne hinunterzukullern
- zwei Murmeln im Glas

Zublinzeln[10]

Material: –	**Zeit:** 5 min

Ablauf:
- Für dieses Spiel ist eine ungerade Anzahl von Spieler*innen notwendig, die sich paarweise hintereinander in einem Kreis aufstellen.
- Eine Person steht ohne Partner*in. Sie ruft durch Zublinzeln die vordere Person eines Pärchens zu sich. Doch deren Partner*in lässt sie nicht einfach gehen, sondern versucht, sie festzuhalten.
- Gelingt dies, bleibt die vordere Person beim*bei der Partner*in. Der*die Partnerlose blinzelt eine andere vorne stehende Person an.
- Gelingt es der hinteren Person nicht, den*die Partner*in festzuhalten, wird diese zum*zur „Zublinzler*in“. Die davongelaufene Person stellt sich dann hinter die Person, die sie angeblinzelt hat.

Variationen:
- Die vorne stehenden Personen können sich auch auf Stühle setzen, hinter denen ihre Partner*innen stehen. Ein Stuhl muss dabei natürlich immer frei bleiben.

9 Vgl. Sabine Reichel: Endlich Ruhe im Klassenzimmer, S. 36 © Auer Verlag
10 Vgl. Ebd., S. 37

Stumme Anweisungen[11]

Material: Arbeitsanweisungen auf Folie oder auf Tafel	**Zeit:** 5 min

Ablauf:

- Die Lehrkraft bittet die Schüler*innen, die Aufträge still durchzulesen und dann auszuführen.
- Während des gesamten Spiels wird nicht gesprochen.
- Gut ist, wenn die Aufträge sukzessive aufgedeckt werden.

Aufträge:

- Stehe auf und stelle dich hinter deinen Stuhl.
- Drehe dich einmal im Kreis herum.
- Strecke deine linke Hand nach oben.
- Winke.
- Stehe auf einem Bein und zähle im Kopf bis fünf.
- Stelle dich wieder hinter deinen Stuhl.
- Schließe deine Augen und zähle leise rückwärts von fünf bis null.
- Klatsche fünfmal in die Hände.
- Springe zweimal in die Luft.
- Gähne dreimal und strecke dich.
- Setze dich leise auf deinen Stuhl.

Wo ist das Glöckchen?[12]

Material: 1 Augenbinde, 1 Glöckchen	**Zeit:** 5 min

Ablauf:

- Alle sind im Sitzkreis. Ein*e Schüler*in steht in der Mitte und bekommt die Augen verbunden.
- Nun bekommt jemand anderes ein Glöckchen und läutet ganz leise.
- Die Person mit den verbundenen Augen muss erkennen, wo das Glöckchen geläutet wird. Dazu zeigt sie mit dem Finger in die entsprechende Richtung.

Variationen:

- Das Glöckchen wird möglichst leise weitergegeben. Die Person in der Mitte soll den Weg nachverfolgen.
- Die Lehrkraft bestimmt durch Antippen eine Person, die der in der Mitte leise das Glöckchen klauen soll.

11 Vgl. Sabine Reichel: Endlich Ruhe im Klassenzimmer, S. 38 © Auer Verlag
12 Vgl. Ebd.

2. Methoden für die ganze Schule

Stille Post

Der Klassiker schlichtweg – funktioniert aber sogar noch in der 10. Klasse.

Ablauf:
- Alle sitzen im Kreis, die Lehrkraft oder ein*e Schüler*in flüstert der Person neben sich ein Wort/einen Satz ins Ohr (z. B. „Mathe ist geil!").
- Diese flüstert es der nächsten Person ins Ohr usw.
- Am Ende muss das Wort/der Satz laut vorgesagt werden.
- Es wird so lange gespielt, bis die stille Post funktioniert.

Zeitung herumgeben

Ablauf:
- Eine Zeitung wird lautlos weitergegeben.
- Wird gelacht, gehustet oder macht die Zeitung ein Geräusch, geht es wieder von vorne los.

Geräuschekette

Ablauf:
- Die Schüler*innen haben die Augen geschlossen.
- Die Lehrkraft macht Geräusche im Klassenzimmer (Fenster auf/zu, tackern, an der Tafel schreiben, gehen etc.).
- Ein*e Schüler*in muss die Geräuschekette anschließend nachmachen.

Tipp:
Zwei sehr gute Spiele, die man käuflich erwerben kann: HABA Pantomime®, Die Werwölfe von Düsterwald®.

Übung – Stille erleben

So lange können wir still sein:

30 Sekunden	1 Minute	1 Minute 30 Sekunden	2 Minuten	2 Minute 30 Sekunden	3 Minuten

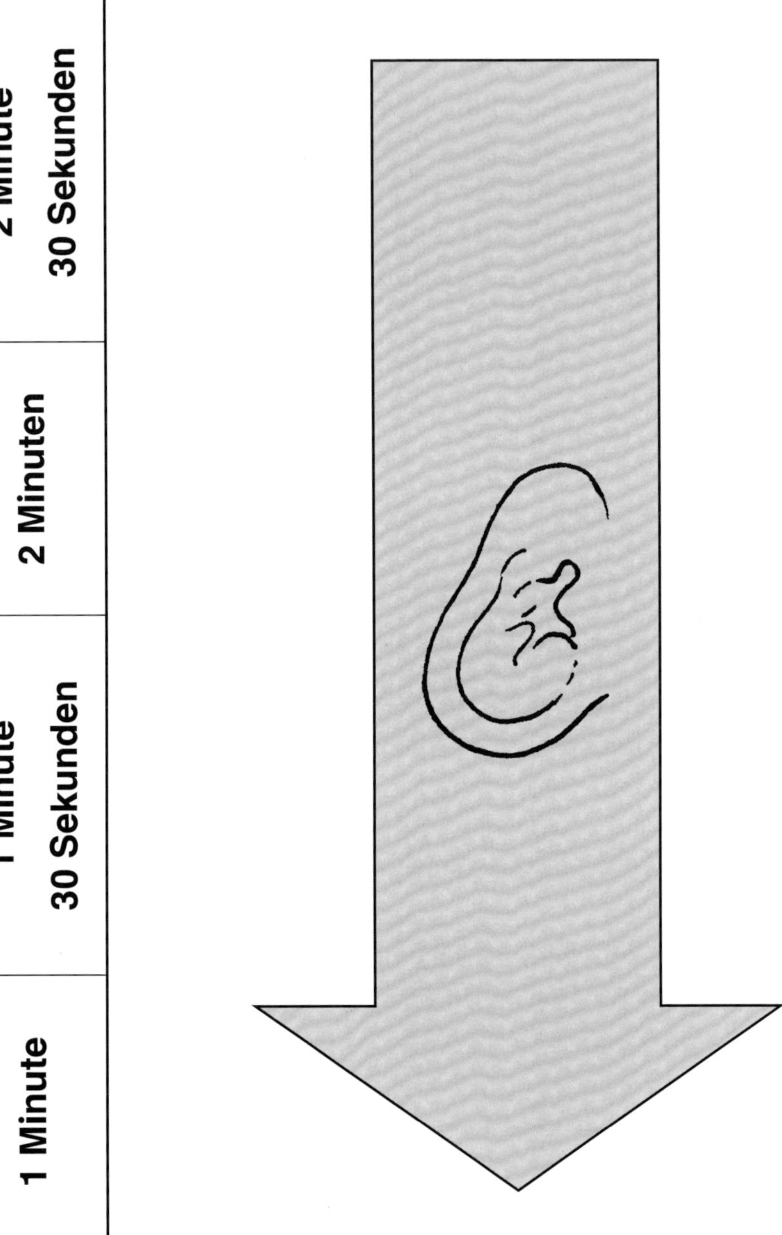

Beziehungsarbeit

Beziehung ist die Basis für Lernen und Arbeiten – diese Quintessenz zieht sich durch die gesamte Bandbreite der europäischen Fachliteratur.
Wie aber baue ich eine Beziehung zu einer Klasse auf, in der ich nur wenige Stunden die Woche tätig bin?

Begleitung

... indem ich mich für die Klasse interessiere und dies deutlich signalisiere. Ich begleite sie auf Ausflügen, am Wandertag, ins Museum etc. Schulhausübernachtung? – Na klar, ich bin dabei! Diese zusätzliche „Arbeit" lohnt sich und spielt direkt in den Unterricht zurück. Ein Schullandheimbesuch kann auch in Mathematik einige Blockaden lösen. Begleitung gilt aber auch für andere Aspekte einer intakten Beziehungsarbeit, so etwa in Lebenskrisen, bei Familienproblemen etc. Hier ab und an ein offenes Ohr zu haben, kann im Klassenzimmer viel bewirken.

Berufung

... indem ich den Schüler*innen etwas zutraue, sie zu bestimmten Ämtern und Aufgaben berufe. Warum muss das Hausaufgabenverbessern immer von mir gemacht werden? Dies kann auch einmal ein*e Schüler*in übernehmen. Viele alltägliche Dinge können hier in deren Hände gelegt werden. Wichtig ist natürlich, über Qualität und Quantität der Arbeit zu reflektieren – „Du hattest diesen Monat das Amt XY inne – wie ging es dir damit? Bist du mit deiner Arbeit zufrieden? Wo gibt es noch Verbesserungsmöglichkeiten?"
Gerade bei Stundenwechsel können viele Aufgaben bereits von Schüler*innen erledigt werden, bis die Fachlehrkraft die Klasse erreicht. Das spart Zeit und Nerven und schafft wieder mehr Ruhe im Klassenzimmer.

Hilfreich kann hierbei eine Diensteübersicht im Klassenzimmer sein – damit niemand vergisst, welche Aufgaben ihm*ihr zugedacht sind. Auch hier hilft es natürlich, wenn die Dienste bei allen Lehrkräften im Klassenverbund gelten. Es ist aber genauso möglich, die Dienste nur für einzelne Fächer einzuführen.

Büro

... indem ich meine Sprechstunde nicht nur für Eltern abhalte, sondern auch für Schüler*innen. Diese können sich genauso wie Eltern vorher anmelden und ihre Themen, Wünsche und Anliegen vorbringen. Ich berate sie genauso, wie ich die Eltern berate. Bei schwierigen Schüler*innen halte ich meine Sprechstunde nicht allein ab, sondern mit der sozialpädagogischen Fachkraft, einem*einer Kolleg*in oder auf dem Gang (wenn möglich und vertretbar), wo wir gut gesehen werden können.

Begrüßung

... indem ich die Schüler*innen genauso wie alle anderen in der Schule grüße – eine Kleinigkeit, die trotzdem ein Türöffner sein kann. Meist grüßen die Schüler*innen sowieso zurück, manchmal muss man aber auch hier hartnäckig sein.

Beharrlichkeit

... indem ich auf einige Dinge immer und immer wieder bestehe – sei es die Einhaltung der Hausordnung, das Nachholen von unerledigten Hausaufgaben oder das Bringen von Elternbriefen. Ich fordere so lange ein, bis die Sache erledigt ist – freundlich, aber bestimmt. Damit ich einige Dinge nicht vergesse, mache ich mir Notizen – auf einer Bringliste –, da hier eine Bringschuld der Schüler*innen besteht.

Barometer

... indem ich ein Gefühlsbarometer (siehe Kopiervorlage) im Klassenzimmer aufhänge. Am Morgen kann dann jede*r seine Stimmung am Barometer anzeigen, indem er*sie den eigenen Namenszwicker an die jeweilige Stimmung hängt. Wenn diese Methode in den unteren Klassen (5/6) eingeführt ist, funktioniert sie noch bis zur Neunten. Schwerpunkt liegt aber auf 5/6.
„Was soll denn das bringen? Kinderkram aus der Grundschule!" – Nein, es handelt sich vielmehr um die schnellste Art, einen Überblick über die Stimmungen und Befindlichkeiten in der Klasse zu bekommen.
Ein Beispiel: Ich betrete die 6a in der zweiten Stunde für 45 Minuten Kunst. Unruhe im Klassenzimmer, Getuschel, eine Schülerin sieht verheult aus. Ich blicke auf das Gefühlsbarometer und sehe – oh je, Jessica ist traurig, Victoria wütend usw. Ich berufe einen Klassenrat ein, denn an Kunst ist gerade noch nicht zu denken. Nach 20 Minuten ist das Problem vom Tisch – die Schüler*innen fühlen sich wertgeschätzt und ich kann immerhin noch 25 Minuten störungsfrei unterrichten.

Briefe

... indem ich meinem*meiner „Problemschüler*in" einen Brief schreibe. Darin beschreibe ich, warum ich den Brief schreibe (neutral: Situationsbeschreibung), wie die Situation bei mir ankam (subjektiver Eindruck), einen Wunsch, wie ich dies in Zukunft gerne hätte und mein Angebot, den*die Schüler*in zu unterstützen. Ich schlage einen Gesprächstermin vor. Diesen Brief schicke ich meinem*meiner Schüler*in nach Hause. Vorteil: Ich kann über die Problemstellung nachdenken und diese in Ruhe, nach der eigentlichen Unterrichtssituation, in Worte und Gedanken fassen. In der Situation selbst unterbinde ich das Verhalten und kündige an: „Du bekommst einen Brief von mir."

Gute Anregungen finden Sie hier:
K. Bühler/H. Kotz:
Klassenlehrer-Starter-Set Klasse 5–7
© Auer Verlag

Gefühlsbarometer

ratlos
ausgelassen
enttäuscht
bedrückt
fröhlich
aufgeregt
traurig
wütend

Classroom-Management

Letztendlich waren bereits die in den vorigen Punkten genannten Methoden Teil des Classroom-Managements. Ergänzend dazu: Classroom-Management gilt als fundamentaler Faktor für störungsfreies Lernen. Zu den bereits genannten Gelingensfaktoren gilt es noch folgende zu berücksichtigen:

- **Omnipräsenz:** Hierzu braucht es einen Überblick über die gesamte Klasse. Unruhe in der Klasse muss im Keim erstickt werden. Das heißt: Sammeln Sie sich, bevor Sie die Klasse betreten, schütteln Sie alles ab, was vorher da war. Konzentrieren Sie sich ganz auf die Klasse und die komplexen Vorgänge, die gerade stattfinden. Greifen Sie gleich ein und lassen Sie es nicht zu lange laufen!
- **Multitasking:** Als Lehrkraft müssen Sie es immer schaffen, mehrere Abläufe im Unterricht gleichzeitig zu steuern. Zum Beispiel fummeln Sie gerade an der Dokumentenkamera herum, während Sie den*die Schüler*in aus der ersten Reihe bitten, das Licht zu löschen, und den*die Schüler*in aus der letzten Reihe bitten, endlich zur Ruhe zu kommen und das Pausenbrot wegzupacken.
- **Nachvollziehbarkeit:** Ihr Unterricht ist strukturiert und verläuft nach Plan. Schwellendidaktik gilt es zu vermeiden. Störungen haben jedoch Vorrang – Sie müssen also flexibel genug sein, vom Plan abzuweichen, um wieder Ruhe ins Klassenzimmer zu bringen.
- **Tempo:** Lieber etwas zu schnell als zu langsam – lieber leichte Überforderung als Unterforderung der Klasse. Denn Leerlauf schafft Langeweile und Langeweile schafft Unruhe.
- **Kontrolle:** Kontrollieren Sie die Ergebnisse der Gruppe. Die Schüler*innen dürfen nicht das Gefühl bekommen, es sei egal, was sie da werkeln, am Ende gibt die Lehrkraft sowieso alles vor. Auch sonst sollten Sie zeigen, dass Sie da sind und Unruhe ggf. sanktionieren.
- **Medienmix:** Verschiedene Medienarten schaffen zunächst Interesse und Aufmerksamkeit – auch die Old-School-Folie können Sie ab und zu verwenden.
- **Vorbild:** „Mathe ist geil!“ – mit dieser Einstellung gehen Sie in die Klasse und sagen das auch so – bis der*die Schüler*in das irgendwann ebenfalls glaubt. Wenn Sie jedoch keinen Bock haben und dies zeigen, werden Sie keinen guten Unterricht in der Klasse erleben.
- **Reflexion:** Im Unterricht wird täglich dazugelernt – auch die Lehrkraft lernt täglich dazu. Fehler, Störungen und Unruhe sind Indizien für Sie, wie Sie es das nächste Mal besser machen können.

Gewitterplatz im Klassenzimmer – Verortung von Reaktionen der Lehrkräfte

An dieser Stelle sei auf Werner Müller oder auf Maike Plath verwiesen, die den Unterrichtsraum stets als Bühne und den Unterricht als eine Art perfekte Inszenierung betrachten. Tatsächlich gibt es viele Gemeinsamkeiten zwischen einem Theaterstück und dem täglichen Theater im Klassenzimmer. Problematisch ist hierbei, dass die Lehrkraft zugleich Hauptperson und Regisseur*in, darüber hinaus Requisiteur*in, Bühnentechniker*in und Kulissenbauer*in ist.
Ein wichtiger Aspekt des Theaters sind die Raumgesetze. Es gibt starke und schwache Gänge, die vierte Wand, die immer wieder durchbrochen wird, einen klaren Aufführungs- und – meist davon getrennt – Publikumsraum. Es gibt Orte für Herrschende (zentral, Mitte), für Dienende (hinten links/rechts) und natürlich, gerade durch das moderne Thea-

ter bedingt, ein ständiges Aufbrechen bzw. Konterkarieren jener Regeln, die u. a. in Italien durch die Comedia dell'Arte gepflegt wurden.
Auch im Klassenzimmer gibt es verschiedene Räume bzw. Orte, denen Sie und die Schüler*innen (un-)bewusst Bedeutung zumessen.
Dies ist bei einigen aufgrund ihrer Ausstattung und Funktion ganz klar:

- Das Waschbecken im Klassenzimmer dient zum Händewaschen und zum Saubermachen des Tafelschwamms.
- Ist dort ein Spiegel, dient er v. a. den Pubertierenden als Selbstvergewisserung und Spiegelbild. Diese Raumfunktion wird kaum jemand in Frage stellen.
- Ein weiterer, klar definierter Ort: der Raum vor/an der Tafel. Hier wird gelehrt und der Person, die sich dort aufhält, sollte zugehört werden. Hinter dem Pult sitzt (besser: steht) die Lehrkraft – also die Respektsperson, die für Ruhe im Klassenzimmer sorgt.

Sie merken schon – ab dem zweiten Beispiel wird es schwerer …
Wichtig: Sie definieren diese Räume! Wenn Sie dies nicht klar und deutlich tun, wird es für das Publikum und die „Schauspieler*innen" (auch die Schüler*innen haben mehrere Rollen im Unterricht zu schultern) schwierig.
Wie verhalte ich mich in der Leseecke? Darf ich mich bei der Garderobe unterhalten? Welches Verhalten wird von mir als Schüler*in am Pult verlangt?

Praxistipp

Überlegen Sie vorab: Welche Räume gibt es in meinem Klassenzimmer? Welches Verhalten erwarte ich wo? Kennen die Schüler*innen meine Erwartungen oder setze ich das einfach so voraus („Das macht man halt so …")?

Territorien der Lehrkraft

Lehrkräfte beanspruchen meist dauerhaft den Raum zwischen Pult und Tafel für sich, hier ist der Ring der Lehrkräfte, die „Königsposition". Verlassen sie diese Position, verlassen sie den Ring (Mittelpunkt) und machen sich angreifbar, können aber auch vom*von der alleinigen Dominator*in zum*zur gleichberechtigten Helfer*in werden.
Wichtig: Diesen Ring müssen Sie definieren – Sie müssen sich entsprechend verhalten und das Verhalten der Schüler*innen entsprechend einfordern.
Das heißt: Hier sorgen Sie für Ruhe – indem Sie warten – und freundlich, aber bestimmt Schüler*innen ansprechen, die Ihnen gerade nicht zuhören. Erst wenn absolute Ruhe herrscht, fangen Sie an. Sollte ein*e Schüler*in nicht folgen, weisen Sie eine*n Banknachbar*in an, ihn*sie zur Ruhe zu bringen („Wir möchten jetzt anfangen!"/„Ich möchte jetzt anfangen!"). Wenn dies nicht hilft, weisen Sie auf entsprechende Regeln und auf die Konsequenzen bei Missachtung hin. Sie bleiben aber in Ihrem Ring – noch. Wenn der*die Schüler*in immer noch nicht „mitspielt", benutzen Sie den starken Gang: Gehen Sie direkt und zügig auf ihn*sie zu, stoppen und sagen laut und deutlich, was Sie nun erwarten. Sollte dies erneut nicht eintreten, gehen Sie zurück in den Ring und weisen eine*n Mitschüler*in an, den Störenfried ins Time-out zu bringen.
Wichtig – und am schwersten: Lassen Sie sich nicht auf ein Lautstärkeduell mit dem*der Betreffenden ein – Jugendliche haben meist deutlich mehr Stimmvolumen als Sie.
Sobald Sie Ihr Territorium verlassen, riskieren Sie, nicht mehr ernst genommen zu werden, obwohl Sie noch etwas Wichtiges zu sagen haben. Dies passiert z. B. oft bei Stundenwechsel: Die Schüler*innen hasten in die Pause – die Lehrkraft folgt ihnen und ruft ihnen noch schnell die Hausaufgaben hinterher.

Besser: Sie gehen zur Tafel für die Hausaufgaben, schreiben die Aufgaben an und lassen sie notieren – erst dann beenden Sie die Stunde, nicht der Pausengong. Das ist übrigens ein Grund, warum immer mehr Schulen ganz auf den Gong verzichten: Die Lehrkraft beendet das Schauspiel, nicht der*die Schüler*in, der Gong oder sonst wer/was.

Wenn mal ein Gewitter niedergeht ...

... sollte dies auch an einem festen Platz im Klassenzimmer sein. Am besten ein Ort, der ansonsten nicht gewählt wird, zum Beispiel zentral hinter den Schüler*innen. Dann müssen diese sich zu Ihnen umdrehen – dies wird dann schon mal als unangenehm empfunden. Hier dürfen Sie auch mal laut werden.
Wichtig: Man sollte sich vorher überlegen, was man zu sagen hat – Gedanken-Ähs, Verhaspeln und unzusammenhängende Sätze wirken hier fehl am Platz. Dieser kleine Monolog kann vorher – beispielsweise zu Hause – geübt werden, wo wir wieder beim Theater wären. Die Message sollte klar und deutlich sein.
„Leute – mir ist es in den letzten drei Stunden viel zu laut gewesen. So kann und will ich nicht arbeiten. So kannst und willst du nicht arbeiten. Ich weise auf unsere Klassenregeln hin. Die gelten weiterhin, genauso wie die Konsequenzen bei Missachtung. Halte dich an die Regeln, sonst werde ich wieder verschärft auf deren Einhaltung pochen!"
Dieses Gewitter geht natürlich nur auf eine in diesem Moment ruhige Klasse nieder – vorher muss für Ruhe im Klassenzimmer gesorgt werden.

Raum- und Platzcodierung

Codieren Sie Räume in Ihrem Klassenzimmer! Hierbei ist es völlig egal, ob Sie Klassenlehrkraft sind oder nur für 45 Minuten reinschneien – solange Sie anwesend sind, ist es IHRE Bühne. Wählen Sie für bestimmte Aussagen und Unterrichtsteile einen Platz aus:

- Der Platz zwischen den Tischen und der Tafel ist für wichtige Anweisungen und Unterrichtsinhalte reserviert. Hier geschehen Dinge von Gewicht.
- Der Platz an der Seite ist für Unterrichtsgespräche geeignet.
- Der Platz hinter den Schüler*innen wird von Ihnen in Arbeitsphasen genutzt. Sie ziehen Ihre Präsenz zurück, beobachten und greifen ein, wenn die Ruhe im Klassenzimmer gefährdet ist.

Der Raum als dritter Pädagoge

Sie können also über die Raumaufteilung viele Prozesse im Klassenzimmer bewusst steuern. Natürlich sind hier einige Schulen anderen baulich gegenüber im Vorteil. Akustische Wellenbrecher, ein Flüsterboden oder schalldichte Fenster und Türen sind nicht überall zu finden. Jedoch bietet jeder Raum verschiedene Möglichkeiten, die von der Lehrkraft richtig genutzt werden können – überlegen Sie einfach, für welche Art von Unterricht der Raum ursprünglich gedacht war bzw. was der Raum hergibt. Natürlich produziert eine Gruppenarbeit bei 30 Schüler*innen in einem hellhörigen Altbau in der Regel mehr Unruhe als eine Partner*innenarbeit in einem Neubau mit Teppichboden und moderner Schalldämmung. In diesem Fall sollte die Lehrkraft den Unterricht dem Raum entsprechend anpassen – oder mit mehr Unruhe im Klassenzimmer leben können.

Sitzordnung und Tische

… sind oft durch bauliche Gegebenheiten vorgegeben. Trotzdem sollen hier noch einmal die gängigsten kurz erläutert werden:

Frontal – passiv, ruhig, lehrer*innenorientiert

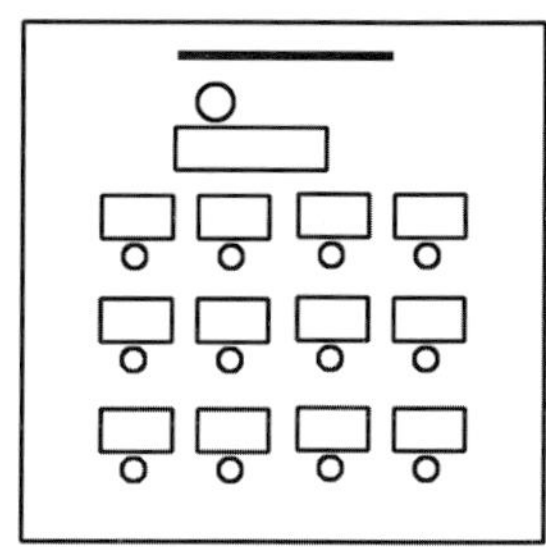

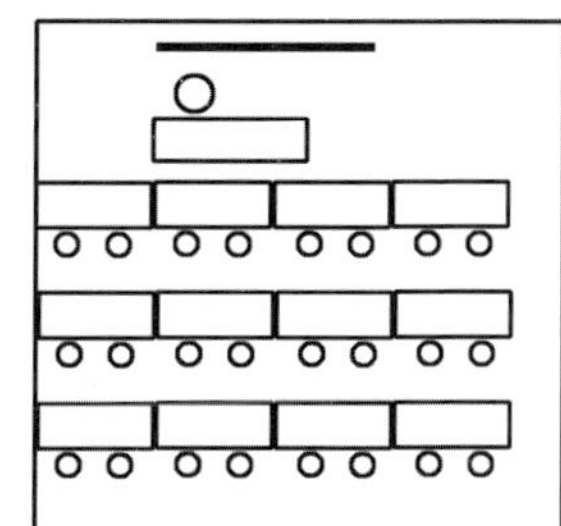

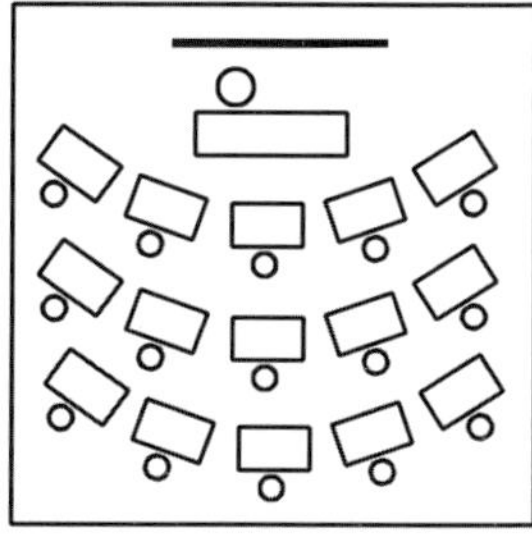

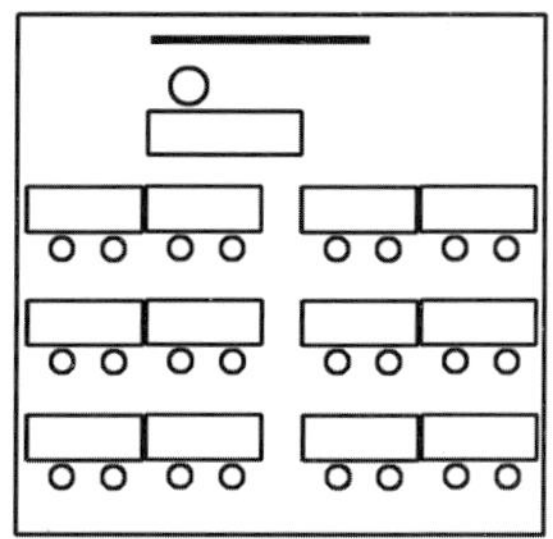

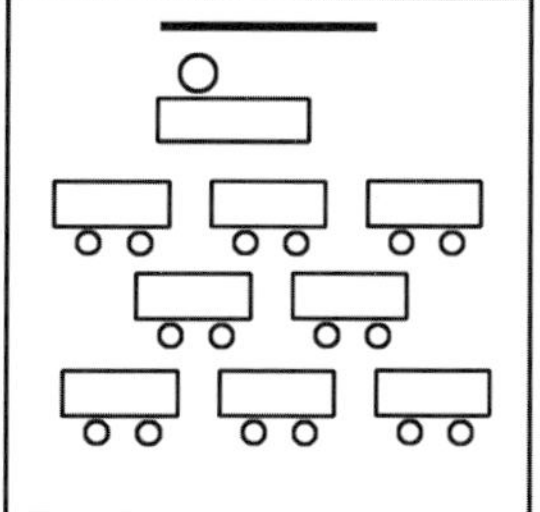

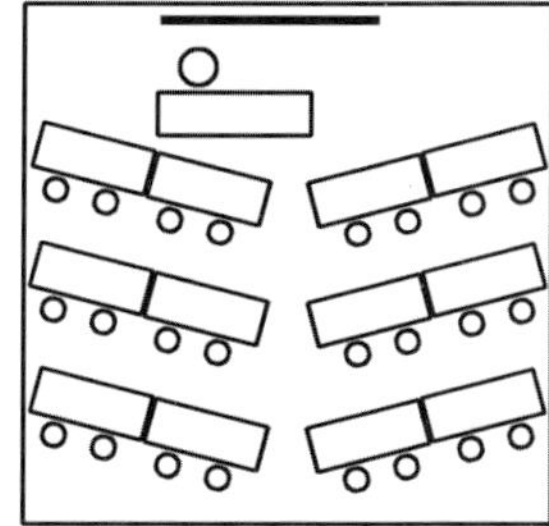

Egal ob Einzel-, Zweier- oder gar Dreiertische, egal ob separat oder in Reihe gestellt, all diese Sitzordnungen zielen darauf ab, den Blick und die Aufmerksamkeit der Klasse nach vorne zu richten. Akteur*in des Unterrichts ist einerseits die Lehrkraft, andererseits der*die einzelne Schüler*in. Die gängigen Unterrichtsformen sind Einzelarbeit oder das aristotelische Gespräch – der fragend-entwickelnde Unterricht. Es wird nur einzeln gesprochen, die Einhaltung der Regeln kann eindeutig überwacht und ggf. eingefordert werden. „Ruhe! – Jetzt rede ich!", „Ruhe – jetzt redet Franziska!". Hauptaufgabe ist hierbei, den Unterricht am Laufen zu halten – es ist also auf ein hohes Tempo zu achten, ansonsten geht die Aufmerksamkeit bei den Schüler*innen schnell verloren. Die Regie ist straff und durch die Lehrkraft gesteuert.

Frontal – kommunikativ, lebhaft (das U)

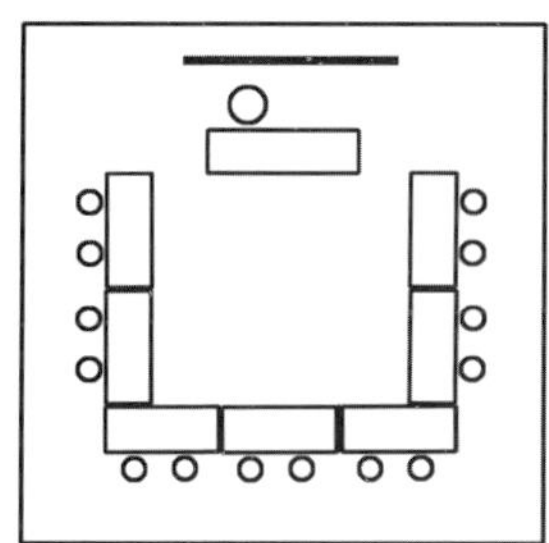

Hier ist die Aufmerksamkeit durch die Sitzordnung zweigeteilt. Der*die Schüler*in schaut nicht nur zur Lehrkraft, sondern immer auch zu den Mitschüler*innen – somit kommt es zwangsläufig zu mehr Kommunikationsprozessen innerhalb der Klasse.

Frontal – offensiv, fokussiert, unmittelbar (der Kreis)

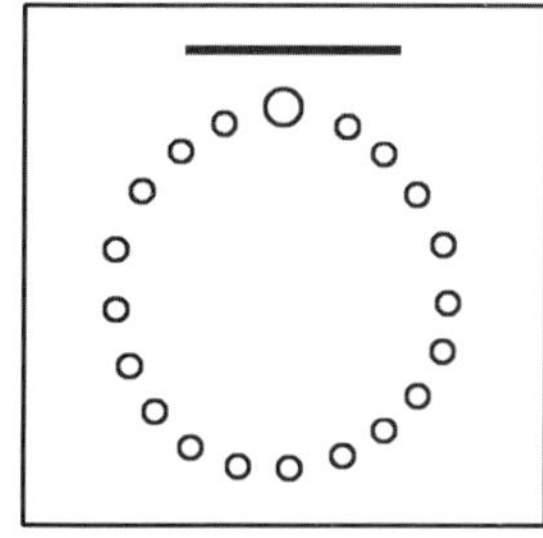

Der Sitzkreis macht quasi barrierefreie Kommunikation möglich. Hier trennen keine Bücher, Taschen, Hefte, Tische oder Mitschüler*innen die Lehrkraft von der Klasse. Wenn die Lehrkraft in die Mitte des Kreises tritt, ist sie absolut im Fokus. Jedoch sind auch alle Mitschüler*innen im Blick, Kommunikation ist somit produktiv und schnellstens möglich. Die Erarbeitung kann v. a. mit Bodenbildern stattfinden. Diese

Sitzordnung ist zunächst eine gewisse Umstellung zum Tafelbild, da mit Hilfsmitteln wie Plakaten oder Wortkarten gearbeitet wird. Die Ergebnisse können jedoch dauerhaft im Zimmer aufgehängt werden. Da diese Sozialform zunächst ungewohnt ist und von den meisten Schüler*innen nur mit dem Klassenrat o. Ä. verbunden wird, ist es wichtig, hier besonders penibel auf die Gesprächsregeln zu achten – durch die Lehrkraft oder eine*n Ruhewächter*in. Leider wird diese Methode bisher v. a. nur im Religionsunterricht eingesetzt – „leider" deshalb, da sie für andere Fächer ebenfalls sehr gewinnbringend sein kann.

*Gruppentische – kommunikativ, schüler*innenzentriert*

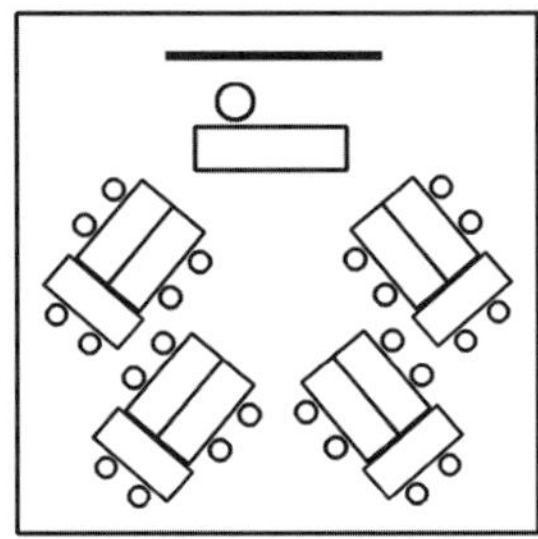

Der Fokus liegt auf den Lern- und Kommunikationsprozessen der Schüler*innen. Auch hier gilt: Wo gearbeitet wird, fallen Späne – durch die Selbstlernprozesse der Schüler*innen und die sozialen Prozesse innerhalb der Gruppe kommt es zu erhöhtem Lärmniveau. Die Jugendlichen blicken sich an bzw. auf den Gruppentisch und sind häufig weggedreht von der Lehrkraft. Deshalb ist es wichtig, hier immer wieder an den Gruppentisch zu treten und sich über den Arbeitsstand informieren zu lassen. Die Lehrkraft sollte rechtzeitig eingreifen, wenn die Gruppenarbeit zur Gruppenfreizeitrunde wird.

Mischformen

An verschiedenen Schulen und in verschiedenen Klassenstufen gibt es häufig auch Mischformen. Sei es der eine Gruppentisch, der sich an die frontale Sitzordnung reiht oder in der Mitte des U steht, oder die Gruppentische, die dann wieder separate Einzeltische für einzelne Schüler*innen haben. Diese Formen können schwer zu bespielen sein, da die Intentionen dieser Sitzordnungen eher antagonistisch liegen und somit nur für einen stark individualisierten Unterricht Sinn ergeben. Ein Gruppentisch muss anders arbeiten als ein*e Schüler*in in Einzelarbeit. Es müssen unterschiedliche Materialien zur Verfügung gestellt werden und auch die Lärmtoleranz ist ganz unterschiedlich.

Appellative Methode

Die appellative Methode (Aufforderung; auffordernde Mahnung) arbeitet mit wertneutralen Ich-Botschaften. Die Lehrkraft nimmt einen Missstand wahr (beispielsweise Lärm im Klassenzimmer durch eine*n Schüler*in, der*die unentwegt mit dem Lineal auf den Tisch haut) und möchte diesen verändern. Die Lehrkraft formuliert eine Ich-Botschaft an den*die Schüler*in, in der sie beschreibt, welches Verhalten sie warum stört und was sie stattdessen möchte. Anschließend bietet die Lehrkraft ggf. eine Hilfestellung an.
Zum Beispiel: Der*die Schüler*in schlägt unentwegt mit der flachen Seite des Lineals auf den Tisch. Die Lehrkraft sagt: „Das stört mich. Ich empfinde das als störend, wenn du die ganze Zeit dein Lineal auf den Tisch donnerst. Ich wünsche mir, dass du damit aufhörst. Wie kann ich dich dabei unterstützen?"
Aber die Erfahrung zeigt: Völlig wertneutrale Ich-Botschaften klingen komisch-konstruiert und kommen beim*bei der Schüler*in meist nicht an.
Übrigens kann dies auch völlig nonverbal ablaufen: Sie blicken den*die Schüler*in an, legen die Stirn in Falten, die Hände in die Hüfte und warten. Diese Erfahrung macht deutlich: Der Jugendliche will diesen stummen Impuls häufig nicht wahrnehmen, wird dann jedoch von Mitschüler*innen darauf aufmerksam gemacht.

Sprung in der Platte

Der Schüler Tobias klatscht immer noch lustvoll sein Lineal auf den Tisch. Sie wiederholen Ihre Aufforderung: „Tobias, leg dein Lineal weg!" – keine Reaktion – Sie wiederholen: „Tobias, leg dein Lineal weg!" – kurze Pause – „Tobias, leg dein Lineal weg!" – Sie nähern sich Tobias: „Tobias, leg dein Lineal weg!", „Tobias, leg dein Lineal weg!" – gerade seit der Serie „The Big Bang Theory", in der Sheldon häufig die hängende Schallplatte als Türöffner verwendet, kennen Schüler*innen diese Methode. Ansonsten erneut: „Tobias, leg dein Lineal weg!"

Mal was völlig anderes versuchen – den Erwartungen der Klasse widersprechen

„Bitte nimm dein Lineal raus und haue es – gemeinsam mit Tobias – zehnmal auf den Tisch. Danach hätten wir das auch erledigt und können mit dem Unterricht beginnen."
Hierbei gilt es, die Erwartungshaltungen der Jugendlichen zu unterlaufen. Dies ist eine riskante Methode, da sie vielen pädagogischen Grundsätzen (Transparenz, Geradlinigkeit, Berechenbarkeit, Kontinuität) zuwiderläuft – sie sollte also nur mit Bedacht eingesetzt werden.
Man könnte hier z. B. zusammen mit den Schüler*innen eine ABC-Liste (siehe Kopiervorlage) erarbeiten, unter dem Titel: Die nervigsten Geräusche, die man im Klassenzimmer machen kann.
A wie ... B wie ... L wie Lineal auf den Tisch hauen.

ABC-Liste

Name: ______________________ Klasse: ______ Datum: __________

A wie … ____________________

B wie … ____________________

C wie … ____________________

D wie … ____________________

E wie … ____________________

F wie … ____________________

G wie … ____________________

H wie … ____________________

I wie … ____________________

J wie … ____________________

K wie … ____________________

L wie … ____________________

M wie … ____________________

N wie … ____________________

O wie … ____________________

P wie … ____________________

Q wie … ____________________

R wie … ____________________

S wie … ____________________

T wie … ____________________

U wie … ____________________

V wie … ____________________

W wie … ____________________

X, Y, Z wie … ____________________

Feedback

Jede*r Schüler*in zeigt täglich ein bestimmtes Arbeits- und Sozialverhalten. Egal ob laut oder leise, engagiert oder passiv, produktiv oder destruktiv – wir nehmen dieses Verhalten wahr und dies beeinflusst wieder unser Urteil über denjenigen*diejenige. Dieses Urteil wird oftmals nur zweimal im Jahr schriftlich rückgemeldet – durch die Zeugnisse. Auch hier zeigen viele Studien, dass eine regelmäßige Rückmeldung zum Verhalten des*der Schüler*in fundamental wichtig ist, möchte man dieses Verhalten positiv beeinflussen. Nur durch regelmäßige Rückmeldung ist sich der*die Jugendliche seines*ihres Verhaltens bewusst und kann daran arbeiten. Wie Sie rückmelden, hängt oft an äußeren Faktoren wie Zeit, Arbeitsaufwand und auch dem sprachlichen Verständnis.
Am wichtigsten ist jedoch das gemeinsame Ziel aller Beteiligten: ein produktiveres Verhalten im Lern- und Arbeitsprozess, um bessere Ergebnisse erzielen zu können.
Auf den folgenden Vorlagen sind drei Möglichkeiten des Feedbacks kurz aufgezeigt. Sie sollten schriftlich, beispielsweise in der Schüler*innensprechstunde, an den*die Schüler*in (und die Erziehungsberechtigten) gegeben werden. Auffälligkeiten und ggf. Unklarheiten werden im direkten Gespräch erläutert.

Was ebenfalls nicht vergessen werden darf: Im Alltag arbeiten wir meist defizitorientiert, das heißt: Wir weisen auf die Mängel unserer Schüler*innen im Arbeits- oder Sozialverhalten, beim Lernen oder Sonstigem hin. Nicht zu unterschätzen ist das positive Feedback: Geben wir positive Rückmeldung, bestärken wir den*die Schüler*in in dem, was er*sie gerade tut, und tragen somit entscheidend zu seiner*ihrer Entwicklung bei.

Beobachtungsbogen: Dein Verhalten im Unterricht

Name: ____________________ **Klasse:** _____ **Fach:** __________

Beobachteter Zeitraum: von ______________ **bis** ______________

Unterrichtssequenz: ______________________________

Beobachtete Felder		**Anmerkungen**	
Einzelarbeit	Du arbeitest selbstständig.	☺ 😐 ☹	
	Du hast dein Ziel im Blick, lässt dich nicht ablenken.	☺ 😐 ☹	
	Du kommst mit neuen Inhalten allein zurecht.	☺ 😐 ☹	
	Du arbeitest ruhig und konzentriert.	☺ 😐 ☹	
Partnerarbeit	Du arbeitest gemeinsam mit deinem Partner.	☺ 😐 ☹	
	Ihr arbeitet zielgerichtet, lasst euch nicht ablenken.	☺ 😐 ☹	
	Ihr helft euch bei Problemen gegenseitig.	☺ 😐 ☹	
	Ihr arbeitet ruhig und konzentriert.	☺ 😐 ☹	
Gruppenarbeit	Ihr arbeitet gemeinsam in der Gruppe.	☺ 😐 ☹	
	Ihr arbeitet zielgerichtet, lasst euch nicht ablenken.	☺ 😐 ☹	
	Ihr helft euch bei Problemen gegenseitig.	☺ 😐 ☹	
	Ihr arbeitet ruhig und konzentriert.	☺ 😐 ☹	

Beobachtungsbogen: Dein Verhalten im Unterricht

Regeln	Du hältst die Klassenregeln ein.	🙂 😐 🙁	
Lern- und Arbeitsverhalten	Du bist zuverlässig.	🙂 😐 🙁	
	Du hörst zu.	🙂 😐 🙁	
	Du kannst mit Kritik umgehen.	🙂 😐 🙁	
	Du kannst Konflikte lösen.	🙂 😐 🙁	
	Du übernimmst für dich und andere Verantwortung.	🙂 😐 🙁	

Fazit:

Darauf solltest du in Zukunft achten:

Ein Tipp zum Schluss:

Beobachtet durch:

Fünf-Finger-Feedbackbogen

Name: ______________________ **Klasse:** ______ **Fach:** ______________

Beobachteter Zeitraum: von ______________________ **bis** ______________________

Unterrichtssequenz: ____

Das kam zu kurz:

____
____
____

Das kannst du mitnehmen:

____
____
____

Das kannst du verbessern:

____
____
____

Das hast du gelernt:

____
____
____

Das hat mir sehr gut gefallen:

____
____
____

Was ich sonst noch sagen möchte:

____
____
____

Zielscheibe

Name: ______________________ **Klasse:** ______ **Fach:** ______________

Beobachteter Zeitraum: von ______________________ **bis** ______________________

Unterrichtssequenz: ____

Du übernimmst Verantwortung.

Du arbeitest ruhig und konzentriert.

Du hast das Thema gut verstanden.

Du hörst zu.

1 2 3 4 5

Du arbeitest im Team.

Du kannst lange an einem Thema arbeiten.

Du arbeitest selbstständig.

Du kannst dein Lernen organisieren.

Fazit:

____

____

Direkte Intervention

Bei der direkten Intervention reagieren wir umgehend auf ein wahrgenommenes Fehlverhalten. Hierbei hilft natürlich die langjährige Erfahrung. Je mehr Situationen wir im Alltag gemeistert haben, je mehr Handlungsalternativen wir also im Kopf haben, desto schneller und facettenreicher können wir umgehend handeln. Eine mögliche Eskalation der Situation wird sofort unterbunden. Handeln Sie, falls möglich, nach der folgenden, umgedrehten Handlungspyramide: von oben, nonverbal als erste Reaktion bis hin zur Spitze.

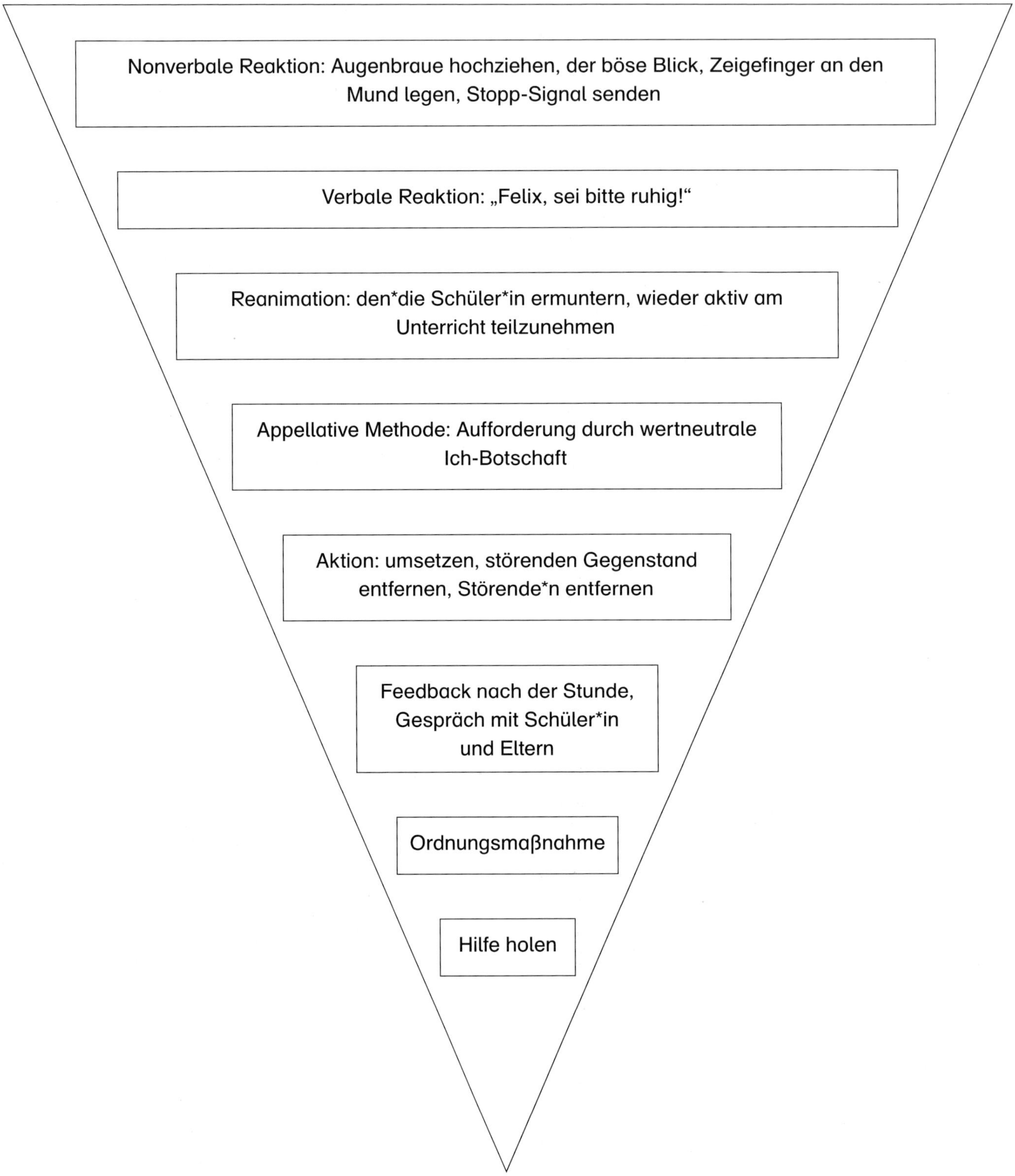

Nonverbale Reaktion: Augenbraue hochziehen, der böse Blick, Zeigefinger an den Mund legen, Stopp-Signal senden

Verbale Reaktion: „Felix, sei bitte ruhig!“

Reanimation: den*die Schüler*in ermuntern, wieder aktiv am Unterricht teilzunehmen

Appellative Methode: Aufforderung durch wertneutrale Ich-Botschaft

Aktion: umsetzen, störenden Gegenstand entfernen, Störende*n entfernen

Feedback nach der Stunde, Gespräch mit Schüler*in und Eltern

Ordnungsmaßnahme

Hilfe holen

5. Trainingsteil

Im Folgenden gilt es, Ruhe ins Klassenzimmer zu bringen – mithilfe der Methoden, die Sie in diesem Band kennengelernt haben oder bereits kannten. Im Trainingsteil wird immer zuerst die Situation beschrieben, dann können Sie darüber nachdenken und sich ggf. Notizen machen. Die Fälle sind natürlich exemplarisch und nur ein kleiner Ausschnitt einer sehr viel komplexeren Wirklichkeit. Falls Sie weitere Infos brauchen, um den Fall zu lösen – notieren Sie dies und treffen Sie eine Annahme. Beispiel: „Wie ist die Klasse gegendert?" Annahme: 50:50. Anschließend erläutern Sie stichpunktartig mögliche Handlungsschemata.

Die Fälle

a) Stundenwechsel: Sie betreten als Geschichtslehrkraft zum ersten Mal das Klassenzimmer der 8a. Diese Klasse ist als unbeschulbar verschrien. Als Sie eintreten, läuft laute Musik über eine tragbare Box, einige Jungs der Klasse gehen gerade über Tische und Stühle, die Mädchen sitzen in der ersten Reihe, kichern oder wirken extrem gelangweilt. Von Ihnen nimmt scheinbar niemand Notiz.

b) Pause: Es herrscht große Unruhe auf den Gängen, im Pausenhof und im Innenbereich. Alles wirkt sehr chaotisch, einige Jungs stehen im Kreis und pöbeln lautstark ein paar Jüngere an. Schon pfeift der erste Fußball an Ihrem Kopf vorbei …

c) Kunstunterricht: Sie betreten die 7a. Es herrscht extreme Unruhe. Der Klassensprecher kommt zu Ihnen ans Pult und meint: „Boah, wir haben heute schon zwei Klassenarbeiten geschrieben! Also heute können wir nix mehr machen!" Danach wird es ruhiger – alle blicken auf Sie …

d) Der „Problemschüler" an der ganzen Schule: Luca. Auf pädagogische Maßnahmen reagiert er eigentlich gar nicht. Er kommt zu spät zum Unterricht, redet ständig rein und bezeichnet seine Mitschüler*innen als „Assis" und „Deppen". Unterrichtsmaterial hat er grundsätzlich nicht dabei. Wenn er nicht stört, schläft er auf dem Tisch. Jegliche Ordnungsmaßnahme vonseiten der Schule ist fehlgeschlagen.

e) Vertretungsstunde: Sie kommen in eine neunte Klasse und kennen weder Sitzordnung noch Namen oder Regeln, die in der Klasse gelten. Es herrscht immense Unruhe im Klassenzimmer.

Handlungsschemata

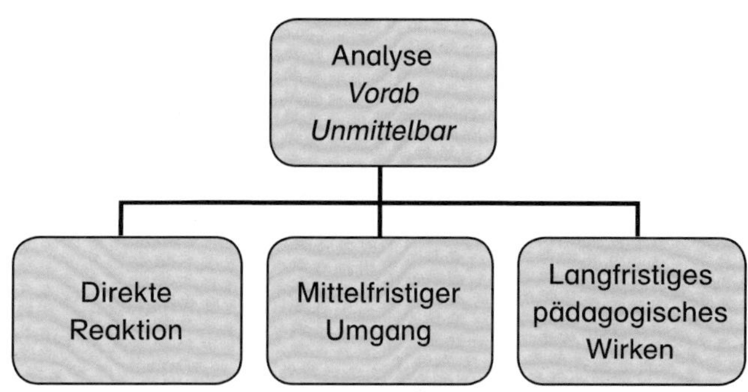

Fall a) Stundenwechsel

Analyse

Vorab

Die 8a hat bereits einen gewissen Ruf an der Schule, sie ist in eine bestimmte Rolle gepresst und dieser Rolle werden die Schüler*innen entsprechen wollen.

Unmittelbar

- Die laute Musik schafft Unruhe im Klassenzimmer. Das zeigt Ihnen: Die Schüler*innen wollen jetzt keinen Unterricht machen, sondern lieber chillen und sich mit unterrichtsfremden Dingen beschäftigen.
- Einige Jungs gehen über Tische und Stühle: Diese Jungs haben gerade einen erhöhten Bewegungsdrang und keine

Lust, sich an gewisse Umgangsformen zu halten. (Frage: Sind diese Regeln klar festgelegt?)

- Auch die Mädchen in der ersten Reihe scheinen wenig am Unterrichtsgeschehen interessiert zu sein – aber sie sitzen in der ersten Reihe, getrennt von den Jungs. Vermutung: Eventuell wollen sie eigentlich schon im Unterricht mitmachen, trauen sich aber nicht so recht und fallen dann in die Null-Bock-Rolle, die in der sozialen Gruppe sicherlich akzeptierter ist.
- Es besteht wenig Interesse an der Lehrkraft. Dies zeigt eine gewisse Frustration und dass hier ein grundsätzlicher Trieb des Menschen, die Neugier, außer Kraft gesetzt ist.

Direkte Reaktion

Ruhe ins Klassenzimmer bringen:

- Körpersprache: sich bemerkbar machen
- Evtl. mit Handschlag vorstellen (Typfrage)
- Direkte Intervention (umgehend auf wahrgenommenes Fehlverhalten reagieren)
- Sprung in der Platte (Aufforderung mehrmals wiederholen)
- Lärmquellen beseitigen: Musik aus, Schüler*innen auf den Platz setzen lassen, ggf. direkt ansprechen
- Evtl. einzelne Störende ins Time-out schicken

Mittelfristiger Umgang

Regeln ins Klassenzimmer bringen:

- Sitzordnung mit Kolleg*innen besprechen
- Regeln einschulen
- Konsequenzen durchziehen

Langfristiges pädagogisches Wirken

- Interessierte, lernwillige Schüler*innen mit ins Boot holen
- Soziogramm anlegen: Wer kann mit wem? Wer kann nicht mit wem? Wo gibt es Gruppen, Personen, die Stimmung machen? (Fragebogen zur Erstellung eines Soziogramms siehe Kopiervorlagen)

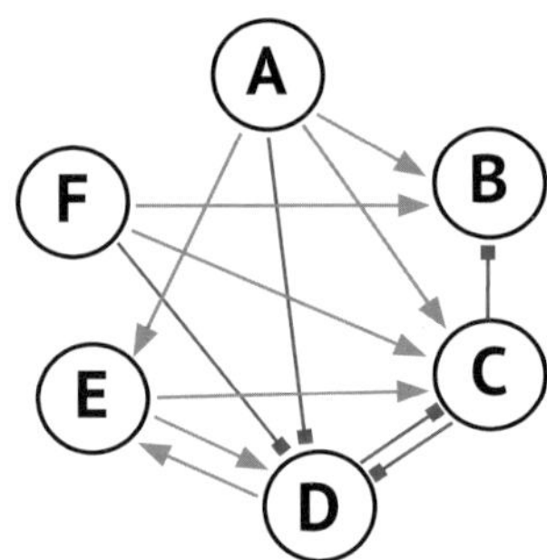

- Überblick verschaffen: Wer ist eigentlich noch in der Klasse?
- Fokus der Schüler*innen auf den Lernprozess und das Fach lenken
- Beziehungsarbeit

Fall b) Pause

Analyse

Vorab

Sicherlich gelten irgendwelche Regeln (Stichwort: Hausordnung), die sicherstellen, wer sich wann und wo im Schulhaus bzw. im Schulhof aufzuhalten hat. Auf diese Regeln kann man sich berufen.

Unmittelbar

- Fußballspielen ist gefährlich und im Schulgebäude sicherlich nicht erlaubt.
- Die Jungs stellen evtl. eine Gefährdung für den Schulfrieden dar – die Pöbeleien könnten eskalieren.

Direkte Reaktion

- Fußball konfiszieren und nach der Pause bei der entsprechenden Klassenlehrkraft oder bei der Schulleitung abgeben (konsequent schulhausüblich Fehlverhalten bestrafen)
- Appellative Methode gegenüber der Jungengruppe (Aufforderung mit wertneutraler Ich-Botschaft)

- Direkte Intervention (umgehend auf wahrgenommenes Fehlverhalten reagieren)

Mittelfristiger Umgang
- Thema Unruhe in den Pausen mit Kolleg*innen und in der nächsten Konferenz besprechen
- Pausenaufsichten wahrnehmen (alle Lehrkräfte)
- Evtl. Schulhausregeln erneut im Haus aufhängen

Langfristiges pädagogisches Wirken
- Ruhe- und Aktivzonen einrichten
- In der Pause Alternativen anbieten (Entspannungskurs im Klassenzimmer, Fußball an geeigneter Stelle im Pausenhof, Ruheraum etc.)
- Strukturen und Regeln überarbeiten, evtl. Projekttag zum Thema mithilfe der SMV durchführen

Fall c) Kunstunterricht

Analyse

Vorab
- Kunst ist ein Nebenfach. Sie sind Fachlehrkraft – das heißt: In der Hierarchie der Schüler*innen sind Sie zunächst nicht besonders hoch angesiedelt. Kunst wird von vielen Schüler*innen nicht richtig ernst genommen.
- Für die Lehrkraft besteht das Problem, dass Kunst Spaß machen, Kreativität wecken und am besten ästhetisch wertvolle Ergebnisse erbringen soll. Aber es bedarf eines engen Regelkanons, damit der Kunstunterricht nicht aus den Bahnen läuft. Regeln und Spaß stehen sich hier oft antagonistisch gegenüber.
- Außerdem geht es im Kunstunterricht häufig etwas lauter zu, da die Schüler*innen sich gerne austauschen und vom Verhalten her gelöster sind als in den sog. Kernfächern.

Unmittelbar
- Der Klassensprecher informiert darüber, dass die Klasse schon einen anstrengenden Vormittag voller Klassenarbeiten hatte. Dies sieht er als Rechtfertigung dafür, nicht-konformes Verhalten (oder Nichtstun) zeigen zu dürfen.
- Das Verstummen innerhalb der Klasse deutet an: Hier findet ein Statuskonflikt statt. Der vom Status eigentlich der Lehrkraft tiefer gestellte Schüler stellt sich über sie und möchte den Unterricht diktieren.

Direkte Reaktion
- Appellative Methode (Aufforderung mit wertneutraler Ich-Botschaft)
- Auf den Rahmen Schule verweisen, Verständnis für die Situation der Schüler*innen zeigen, evtl. den Schüler*innen ein Stück weit entgegenkommen

Mittelfristiger Umgang
Die Lehrkraft trifft individuelle Vereinbarungen mit der Klasse, z. B. wird nach einem Klassenarbeiten-Marathon nur zu leiser Musik gemalt, vor dem eigentlichen Unterricht findet eine Fantasiereise statt etc.

Langfristiges pädagogisches Wirken
- Klassenprobenplan erstellen: Überblick über anstehende Prüfungen und deren Häufigkeit
- Beziehungsarbeit

Fall d) „Problemschüler*in"

Analyse

Vorab

„Problemschüler*in" ist natürlich ein höchst problematisches Label. Wir alle kennen den Pygmalion-Effekt und die self-fulfilling prophecy: Wenn Sie eine*n Schüler*in als Problemschüler*in etikettieren, wird er*sie auch dazu werden.

Unmittelbar

- Der Schüler zeigt vielerlei destruktives Verhalten, er stört einerseits aktiv den Unterricht, indem er andere Schüler*innen verbal attackiert und kleinmacht, und andererseits jegliche Mitarbeit im Unterricht schon vorab durch Abwesenheit oder fehlendes Arbeitsmaterial verhindert.
- Dies sollte die Lehrkraft unmittelbar unterbinden. Störungen haben hier Vorrang. Das Fehlverhalten muss also erst einmal abgestellt werden, bevor ein produktiver Unterricht wieder möglich ist.

Direkte Reaktion

- Appellative Methode (Aufforderung mit wertneutraler Ich-Botschaft)
- Sprung in der Platte (Aufforderung mehrmals wiederholen)
- Feedback
- Direkte Intervention (umgehend auf wahrgenommenes Fehlverhalten reagieren)
- Humor
- Konsequenz (Time-out, Verweis)

Mittelfristiger Umgang

- Brief
- Beharrlichkeit
- Feedback

Langfristiges pädagogisches Wirken

- Runder Tisch[1] mit Erziehungsberechtigten, Externen (Jugendsozialarbeiter*in, Jugendamt, ggf. Erziehungsbeistand, Schulpsycholog*in, Beratungslehrkraft), beteiligten Lehrkräften, der Schulleitung und dem*der Jugendlichen selbst
- Tokensystem und positive Verstärkung eines jeweiligen individuellen Fortschritts
- Beziehungsarbeit
- Hilfe holen: selbst Hilfe in Anspruch nehmen, z. B. kollegiale Fallberatung, Supervision o. Ä.
- Grenzen erkennen: Nicht jedem*jeder Schüler*in kann in so einem Fall adäquat im Rahmen Schule geholfen werden, manchmal bedarf es auch eines anderen pädagogischen Settings, um solch einem*einer Schüler*in gerecht werden zu können.

Verwendete Literatur:

Werner Stangl: Gibt es den Problemschüler?
Werner Stangls Pädagogik News 2019, *https://paedagogik-news.stangl.eu/gibt-es-den-problemschueler/* (zuletzt abgerufen am 15. 12. 2022)

Fall e) Vertretungsstunde

Analyse

Vorab

- Was ist zu tun? Kann ich das auch?
- Wo kriege ich eine Namensliste her? Ist ein Lehrnachweis im Klassenzimmer? (Klassentagebuch?) Sind dort auch alle

1 Vgl. Ministerium für Schule und Bildung des Landes Nordrhein-Westfalen: https://www.zukunftsschulen-nrw.de/themen/iv-begabungen-foerdern/runder-tisch/ (zuletzt abgerufen am 20. 10. 2019)

abwesenden Schüler*innen für heute vermerkt?
- Problem: Es muss v. a. die Aufsichtspflicht für die Klasse gewährleistet sein.

Unmittelbar
- Störer*innen/Rädelsführer*innen in der Klasse erkennen
- Einschätzung: Ist hier gerade geregelter Unterricht möglich? Oder versuche ich besser, die Klasse erst einmal kennenzulernen und gewisse Regeln noch einmal mit der Klasse zu besprechen?

Direkte Reaktion
- Kennenlernspiele, z. B.: Ich habe noch nie …, Schneeballschlacht
- Anschließend z. B. mit Bildimpulskarten noch einmal auf gewisse Grundregeln, die in der Schule herrschen, hinweisen ➲ gute Vorarbeit für die nächste Vertretungsstunde!

Mittelfristiger Umgang
Alle Lehrkräfte, die in der Klasse arbeiten, sprechen sich miteinander ab.

Langfristiges pädagogisches Wirken
- Notfallordner mit Vertretungsstunden/ Arbeitsblättern zu Kernthemen des Lehrplans (Lösungsblätter nicht vergessen – gerade für Fachfremde!)
- Vertretungskonzept für die gesamte Schule entwickeln
- Fortbildungstag zum Thema „Vertretungsstunden“

Klassenfragebogen

Geschlecht: ☐ **Mädchen** ☐ **Junge**

Klasse: ☐ **5** ☐ **6** ☐ **7** ☐ **8** ☐ **9** ☐ **10**

1. Wie gern gehst du in die Schule?
Setze dein Kreuz an der für dich passenden Stelle!

5 — 4 — 3 — 2 — 1

sehr gern — äußerst ungern

2. Wie fühlst du dich in der Klasse?
Setze dein Kreuz an der für dich passenden Stelle!

5 — 4 — 3 — 2 — 1

sehr gut — sehr schlecht

3. Was denkst du, wie dich deine Klassenkameraden mögen?

☐ Meine Klassenkameraden mögen mich alle sehr.
☐ Die meisten Klassenkameraden mögen mich.
☐ Einige Klassenkameraden mögen mich, einige nicht.
☐ Ich bin eher unbeliebt.
☐ Meine Klassenkameraden beachten mich überhaupt nicht.

4. Hast du Freunde in deiner Klasse? Wenn ja, wie viele?

☐ Ja, ________ Freunde. ☐ Nein.

5. Was gefällt dir gut in deiner Klasse?

____.

6. Was müsste in deiner Klasse geändert werden?

____.

7. Gibt es Außenseiter in deiner Klasse? Wenn ja, wie viele?

☐ Ja, ________ Mitschüler. ☐ Nein.

8. Kannst du in deiner Klasse alles sagen, was du möchtest, ohne verspottet oder ausgelacht zu werden?

☐ Ja, voll und ganz. ☐ Meistens ja.
☐ Unterschiedlich. ☐ Eher nein.
☐ Nein, gar nicht.

Kennenlernfragebogen

Name: ______________________ **Klasse:** ____________

1. **Am liebsten esse ich** ______________________ **.**
2. **Meine Hobbys sind** ______________________ **.**
3. **Mein Lieblingsfach ist** ______________________ **,**

   weil ______________________ **.**
4. **Mein Lieblingstischnachbar in der Klasse ist** ______________________ **.**
5. **Das Fach** ______________________ **mag ich nicht,**

   weil ______________________ **.**
6. **In meiner Klasse will ich nicht neben** ______________________ **sitzen.**
7. **Zu meiner Geburtstagsparty würde ich** ______________________

   auf jeden Fall einladen, niemals jedoch ______________________ **.**
8. **Stelle dir vor, unsere Klasse ist ein Haus.**
   Kreuze die jeweils zutreffenden Aussagen an!

a) Der Zustand unseres Hauses ist …
- ☐ gut.
- ☐ mittel.
- ☐ schlecht.

b) In unserem Haus …
- ☐ ist Platz für alle.
- ☐ finden nur einige Platz, nämlich:

  ______________________ .
- ☐ ist es ______________________ .

c) Die Stimmung im Haus ist …
- ☐ gut.
- ☐ mittel.
- ☐ schlecht.

d) Darüber hinaus hat unser Haus noch …

____

____

Und so sieht unser Haus aus:

Vielen Dank für deine Mitarbeit – ich hoffe, dich hiermit noch besser kennenzulernen!